세상을 가슴 뛰게 할 교회

당신이 하나님을 더 깊이 알아 가고 더 널리 알리는 사람이 되는 것, 이 책에 담겨진 예수전도단의 마음입니다. 말씀을 통해 저자가 깨닫고, 원고를 통해 저희가 누릴 수 있었던 그 감동이 책을 통해 당신에게도 전해지기 원합니다. 그리고 당신을 통해 그 기쁨과 은혜가 더 많은 이들에게 계속해서 흘러가기를 기도하겠습니다. 이 책을 통해 당신이 받은 은혜를 다른 분들에게도 나눠 주십시오. 사랑하고 축복합니다.

Copyright ⓒ 2011 by Wayne Corderio
Originally published in English under the title

The Irresistible Church

by Bethany House Publishers,
A division of Baker Publishing Group
P.O.Box 6287, Grand Rapids, MI 49516, U.S.A.
All rights reserved

Used and translated by the permission of Baker Publishing Group
through rMaeng2, Seoul, Korea.

Korean Copyright ⓒ 2012 by YWAM Publishing Korea

본 저작물의 한국어판 저작권은 알맹2 에이전시를 통하여
Bethany House Publishers와 독점 계약한 예수전도단에 있습니다.
신 저작권법에 의하여 한국 내에서 보호받는 저작물이므로 무단 전재와 무단 복제를 금합니다.

하나님과 사람 모두에게 사랑받는 교회의 12가지 특징

웨인 코데이로 지음·장택수 옮김·IRRESISTIBLE CHURCH

예수전도단

지난 35년 동안 나와 함께하며
삶은 오직
사랑으로만 변화될 수 있음을 깨닫게 해준
사랑하는 아내 애나와
그리스도의 신부인 교회…
구체적으로 소개하자면,
언제나 밝고 기쁘게 섬기면서
하나님의 은혜와 아름다움을 드러내는
하와이의 뉴 호프 오아후 교회.
두 신부에게 이 책을 바칩니다.

CONTENTS

8 ······· 추천의 글·빌 하이벨스
10 ······· 감사의 글
12 ······· 들어가는 글·이 책의 활용법

세상을 가슴 뛰게 할 교회란…

29 ······· 특징 01·하나님의 임재에 굶주린 교회
43 ······· 특징 02·정체성을 제대로 아는 교회
55 ······· 특징 03·목숨과 마음을 올인하는 교회
69 ······· 특징 04·감사가 일상생활인 교회
81 ······· 특징 05·가족만큼 서로 끈끈한 교회
91 ······· 특징 06·실수마저 배움의 기회로 삼는 교회
105 ······· 특징 07·영적 기갈이 없는 교회
117 ······· 특징 08·모든 일의 끝이 영혼 구원인 교회
127 ······· 특징 09·처음부터 끝까지 사랑만 있는 교회
139 ······· 특징 10·위험마저 기쁨으로 뛰어드는 교회
151 ······· 특징 11·나보다 남을 생각하는 교회
165 ······· 특징 12·공동의 청사진을 기억하는 교회

180 ······· 스터디 가이드
206 ······· 주

추천의 글

바람직한 교회는 어떤 모습일까? 잃어버린 영혼들에게 복음을 전하고, 그들을 헌신된 그리스도인으로 성장시키는 참된 믿음의 공동체일 것이다. 그러나 때때로 우리는 구원의 목적을 성취하지 못하는 교회들도 보게 된다. 그런 교회들은 각종 프로그램과 행사들로 매년 분주하게 보내지만, 정작 교회의 주된 소명을 이루기에는 역부족이다.

교회는 사람들에게 복음을 전하는 참된 소명에 충실해야 한다. 그러기 위해 나는 모든 교회가 정기적으로 전략을 조정하는 일에 가치를 두고, 이를 실천했으면 좋겠다.

이 책은 매우 중요한 전략을 제시한다. 이 책을 관통하는 주제는 그리스도의 축복을 받기 위해 교회를 번쩍번쩍 빛나게 하는 것이 아니라, 하나님이 인도하시는 대로 교회의 방향을 조정하는 것이다. 우리는 사람들이 가고 싶어 하는 교회, 하나님의 나라가 임하는 교회를 원한다. 교인과 교회 모두 "주를 기쁘시게 하는 자가 되기를 힘쓰노라"(고후 5:9)는 말씀처럼 살기를 간절히 바란다.

이 책에 제시된 특징들은 매우 중요하다. 나이가 들수록 나는 인생의 마지막 날까지 최대한 많은 사람에게 그리스도의 말씀을 전해야겠다고 생각한다. 나는 17세 때 위스콘신 언덕배기에서 그리스도인이 된 날부터 지금까지, 내가 만나는 모든 사람이 예수 그리스도의 구원의 은혜를 경험하기를 바라는 마음으로 살아왔다. 나는 삶에서 불필요한 행동들을 제거하고, 모든 이의 삶에 변화를 가져오는 구원의 은혜를 전하고 싶다. 이 땅에서 살아갈 날이 줄어들수록 하나님 나라를 위해 전도해야 한다는 조급함이 점점 커진다.

교회는 예수 그리스도로 말미암아 세상의 희망이 되어야 하며, 그리스도인은 부르심을 성취하기 위해 더욱 노력해야 한다. 우리는 사람들이 그리스도를 알아 가도록 도우며, 그리스도인들이 그리스도 중심의 삶으로 성장하도록 최선을 다해야 한다.

이 책이 제시하는 원리들은 모두 검증된 것으로, 교회를 다음 단계로 성장시킬 수 있는 원리들이다. 목회자, 평신도 사역자, 평신도 등 모든 이에게 도움이 되리라 확신한다.

윌로우 크릭 교회 담임목사
빌 하이벨스

감사의 글

세상을 가슴 뛰게 하는 교회를 위해 수고하시는 모든 분께 어떤 말로 감사를 전해야 할지 모르겠다.

무엇보다도 나의 훌륭한 조력자이자, 모든 면에서 나보다 훨씬 영리한 메리 와이알레알레에게 고마움을 전한다. 훌륭한 리더십을 보여 준 엘윈 아후, 탁월한 능력을 선보인 존 틸튼, 그 외 수많은 리더에게 감사한다. 이들의 헌신은 나를 더욱 겸손하게 만든다.

편집을 도와준 마커스 브라더톤과 엘런 샤리푸에게도 감사한다. 생각의 조각들이 이들의 손을 거쳐 훌륭한 문장으로 태어났다. 글을 잘 다듬어 준 이들에게 감사한다.

카일 던컨과 베다니 하우스 직원들, 특히 워드 서브 리터러리 그룹의 그렉 존슨에게 감사한다.

우리 교회의 임원들에게도 감사한다. 지금까지 친구이자 동

역자로 섬겨 준 그렉 켐프, 머레이 혼스, 글렌 오가사와라, 로버트 미우라, 필 서, 켄 수자, 데인 카네시로, 데이브 소렌슨에게 감사한다. 피곤한 모세의 팔을 들어 주었던 아론과 훌처럼, 이들은 내가 힘들어할 때 큰 도움을 준 귀한 형제자매다. 목회보다는 리더 양성에 주력하는 나를 대신하여 교회를 위해 아낌없이 헌신해 준 이들이야말로 세상을 가슴 뛰게 하는 교회를 세우는 장본인이다.

들어가는 글

이 책의 활용법

'매우 유혹적인'(irresistible). 우선 이 단어의 정의와 책 내용의 연관성을 살펴보자. 우리는 자석처럼 강렬하게 잡아당기는 매력이 있는 대상에게 '거부할 수 없다, 끌린다'라는 표현을 쓴다. 이는 곧 도저히 거절할 수 없을 정도로 가슴을 두근거리게 하는 매력이 있다는 뜻이며, '매우 강한 끌림'이라는 의미를 함축한다. 뷔페로 치면 그냥 지나칠 수 없는 최고급 요리쯤 된다.

 교회 또한 그러한 곳이 되어야 한다. 내가 이 책에서 제시하는 계획들을 적절히 실천하면, 세상 사람들의 가슴을 뛰게 하는 매력적인 교회를 만들 수 있다. 이 책에서 소개하는 원리들을 따른다면, 그러한 매력이 생길 것이라고 확신한다. 교회가 이 책의 특징들을 적용할 때, 사람들은 "앙코르!"를 외치며 환호할 것이다. 감동이 영원히 계속되기를 바라는 마음이 간절하기 때문이다.

그렇다고 교회가 세상을 가슴 뛰게 하는 대상이 되는 것이 이 책의 주된 목적인 것은 아니다. 그것은 부차적인 것에 해당한다. 그 이유를 설명하겠다.

이 책의 목적은 '하늘'의 눈에 매력적인 교회를 만드는 것이다. 하늘에서 깊이 관여할 수밖에 없는 교회, 하나님이 그분의 영원한 목적을 위해 축복하며 사용하실 수밖에 없는 교회, 천사들이 "앙코르!"를 외치는 교회다.

우리가 쉽게 간과하는 사실이 있는데, 지역 교회는 우리가 아닌 예수님께 속했다는 점이다. 교회는, 아니 우리는 그리스도의 신부다. 신부인 우리가 그리스도를 위해 단장한다면, 그분의 눈은 영원히 우리를 향할 것이다. 이 사실을 망각하면 주님의 임재를 준비하기보다 교인수를 늘리는 데 급급하기 쉽다.

교회의 성공에는 홍보, 시설, 프로그램도 중요하지만 그것만으로는 성공이 보장되지 않는다. '하나님의 손'이라는 요소가 필수적이다. 지난 36년 동안 목회하면서 나는 하나님의 손을 열심히 추구해 왔다. 여러 교회들을 보면 하나님의 손에서 내려온 축복을 받으며 오래도록 은혜를 누리는 교회도 있었고, 처음 몇 년은 시역에 축복이 있었으나 하나님이 손을 거두어 가신 교회도 있었다.

이러한 과정 중에 나는 하나님의 은혜를 누리기 위해 교회가 취해야 할 태도들과 그분의 손이 떠날 때 교회가 바로잡아야 할 태도들을 깨달았고, 이를 몇 가지 원리로 요약해 보았다.

세상을 가슴 뛰게 하는 교회가 완벽한 교회인 것은 아니다. 그러나 하나님을 기쁘시게 하기 위해 자신들의 모습을 지속적으로 조율하는 교회임은 분명하다. 세상을 가슴 뛰게 하는 교회에 속한 사람들은 하나님 나라의 원칙에 자신의 마음을 두며, 하나님이 제한 없이 일하시기를 기대한다. 모든 활동과 계획, 결정에 하나님의 마음이 분명하게 드러나는 교회라면 하나님의 마음이 끌리지 않을 수 없을 것이다.

이러한 태도에 기반이 되는 말씀이 "하나님을 가까이하라 그리하면 너희를 가까이하시리라"(약 4:8)는 말씀이다. 우리가 하나님을 가까이하면, 하나님이 우리를 가까이하신다. 여기에서 야고보는 헌신과 정결, 성결을 요구한다. 이 원칙은 지역 공동체에 연합과 거룩함을 준다. 예수 그리스도의 십자가 공로로 우리에게 하나님의 의가 주어졌으나, 하나님을 가까이하는 것은 우리의 선택이다. 우리가 하나님을 가까이할수록 하나님은 그분의 영광을 위해 우리를 사용하신다. 그러므로 교회가 하나님을 가까이하면, 하늘도 교회를 거부할 수 없다.

당신의 교회도 분명 그렇게 될 수 있다.

세상을 가슴 뛰게 하는 교회는 어떤 모습인가?

세상을 가슴 뛰게 하는 교회, 하나님이 마음껏 축복하시며 놀랍게 사용하시는 교회를 생각하면 무엇이 떠오르는가? 혹시 이런 모습은 아닐까?

신앙이 성장하는 교회

세상을 가슴 뛰게 하는 교회는 '목적'에 충실하다. 이는 당신과 당신의 가족이 믿음 안에서 성장하도록, 성경의 원리에 따른 신앙 교육을 제공하는 지역 공동체다. 이런 교회의 성도는 교회의 가르침을 신뢰하며, 교회의 교리나 방향을 의심하지 않고 그저 교회가 이끄는 대로 전심을 다해 따른다. 교회에서 다른 성도들과 함께 마음껏 하나님을 경배하며, 그들과 지속적이고 진정한 교제를 나눈다.

열매가 보이는 교회

세상을 가슴 뛰게 하는 교회에서는 '열매'를 볼 수 있다. 회심자가 나타나고 사람들의 삶이 변화되며, 깨어진 결혼이 회복되고 새로운 지도자들이 세워진다.

매주 기대되는 교회

간단히 말해, 그 공동체의 일원이 되고 싶은 마음이 생기게 하는 교회다. 한 주라도 예배에 빠지면 서운하다. 교회에 가면 선한 일이 일어나는 것을 볼 수 있기에, 교회 일에 더욱 참여하기를 원한다.

오래 다니고 싶은 교회

세상을 가슴 뛰게 하는 교회에 속하면, 여러 교회를 기웃거리고 싶은 생각이 사라진다. 내가 속한 공동체에 충분히 만족하기 때문에 늘 그곳에 머물기를 바란다.

주위에 말하게 되는 교회

자신이 속한 교회를 주위 사람들(신자든 비신자든 가리지 않고)에게 자연스레 소개한다. 세상을 가슴 뛰게 하는 교회에 속한 사람은 교회에 대해 건강한 자부심을 가지고 있다. 그리하여 많은 사람을 교회로 초청하며, 그들이 교회에 왔을 때 일어날 수 있는 일에 대해서는 걱정하지 않는다.

완벽하지는 않지만 성장하는 교회

세상을 가슴 뛰게 하는 교회라고 해서 한 치의 흠도 없을 수는 없다. 단, 그러한 교회의 교인들은 실수를 인정하며, 실수를 통해 배우고 성장한다. 또한 은혜와 용납의 모범을 보인다. 사람들은 공동체에 속하려고 노력할 필요가 없다. 서로 있는 그대로 용납해 주기 때문이다. 공개적으로 명시된 표어는 아니지만 "더불어 함께하자"라는 신조를 갖고 있다.

기분 좋은 도전을 주는 교회

교회에 들어왔을 때와 떠날 때가 다르다. 세상을 가슴 뛰게 하는 교회는 삶에 필요한 새로운 방법을 가르치고 동기를 부여하며 힘을 준다. 주일에 들은 말씀은 앞으로는 다르게 살아야겠다는 의지를 솟게 한다. 교회에서 떠날 때는 누가복음 24장에서 엠마오로 가는 제자들이 했던 것과 같은 고백을 한다. "우리에게 말씀하실 때 우리 속에서 마음이 뜨겁지 아니하더냐?"

모든 교회가 가능하다

앞에서 제시한 교회가 당신의 교회와 닮아 있는가? 그렇다면 축하한다. 이 책은 당신이 이미 알고 있는 내용을 더욱 강화하고, 교회의 성장을 도우며 교회의 상태를 점검하는 데 필요한 항목들을 제시할 것이다. 이를 점검한 뒤에 필요한 부분을 적용하면 된다.

반면에 앞의 교회가 당신의 현재 교회와는 다르지만 평소 꿈꿔 왔던 교회인가? 실망하지 마라. 당신에게 말해 줄 비밀이 하나 있다. 당신의 교회도 '세상을 가슴 뛰게 하는 교회'가 될 수 있다는 사실이다!

이제 하나님이 기뻐하시며 사람들이 다니고 싶어 하는 교회의 12가지 특징을 살펴보자. 하나님이 자신의 백성과 활발하게 교제하시는 곳에는 언제나 사람들이 모인다.

어떤 사람이 웨일스를 변화시킨 부흥(1904-1906)의 소식을 듣고 웨일스로 길을 떠났다. 먼 지방에서 웨일스의 로우골(Loughor)로 사람들이 모여들기 시작했다. 기차에서 내린 그가 지나가던 사람에게 물었다.

"부흥이 일어난다는 교회가 어디 있습니까? 에번 로버츠가 설교하는 교회 말입니다."

그러자 질문을 받은 사람이 이렇게 대답했다.

"하나님의 임재가 이끄는 곳으로 걸어가면 됩니다."

하나님의 임재와 역사에는 가슴을 뛰게 하는 무언가가 있다. 사람들에게 필요한 것은 우리가 아니라 예수님이다.

이 책에서 제시한 특징들은 누구나 활용할 수 있다. 이 책의 마지막에 첨부된 '스터디 가이드'를 활용하라. 소그룹 모임을 통해 토론하고, 자기 것이 될 때까지 충분히 숙지하기 바란다.

12가지 특징은 어느 교회에서나 적용 가능하다. 한 가지 반가운 소식은, 당신에게는 당신이 그토록 갈망하는 '세상을 가슴 뛰게 하는 교회'를 만들 능력이 있다는 것이다. 이 책에서 바로 그 비밀을 자세히 살펴볼 것이다.

교회는 건물 그 이상의 것이다. 교회는 각 개인의 삶으로 구성되어 있으며, 모든 성도가 모였을 때 성경이 말하는 그리스도의 신부인 교회를 이룬다. 우리가 성장하여 그리스도를 더욱 닮고, 그분의 목적을 따라 더욱 헌신함으로 그분의 사역에 더욱 깊이 동참할 수 있다. 우리에게는 세상을 가슴 뛰게 하는 교회를 만드는 능력이 있다. 바로 우리가 교회이기 때문이다.

당신은 아마 이렇게 질문할 수도 있을 것이다. '우리 교회가 건강한 방향으로 성장하도록 도울 능력이 내게 있다니 반가운 말이다. 하지만 나 한 사람이 무슨 일을 할 수 있을까?'

좋은 질문이다. 여기, 두 가지 대답이 있다.

하나. 함께 이야기하라

당신은 본인의 생각보다 더 많은 영향력을 교회에 행사하고 있다. 비록 리더의 자리에 있지 않더라도 교회에 깊이 마음을 쏟다. 당신은 기도하는 사람이며, 기도는 변화를 일으킨다. 교회의 리더이기는 하지만 소그룹 리더나 성경공부 인도자처럼 상대적으로 작은 역할을 맡고 있는가? 아니면 목사나 장로, 운영 위원 등 큰 역할을 맡았는가? 어떤 역할이 주어졌든 자신이 할 수 있는 위치에서 시작하면 된다. 작은 일로 시작해도 좋다. 이 책에서 제시한 원리들을 당신에게 허락된 사람들과 이야기하라. 규모는 중요하지 않다. 12가지 특징이 당신과 교제하는 사람들의 마음속에 불을 지피는 모습에 놀라게 될 것이다.

둘. 함께 공부하라

교회의 성장을 위해서는 개인과 공동체 모두 동참할 책임이 있다. 먼저 이 책의 원리들을 함께 공부하라. 물론 혼자서 책의 내용을 공부하고, 공동체 안에서 해당 특징들을 적용하는 데 필요한 단계들을 밟아 나가도 좋다. 그러나 세상을 가슴 뛰게 하는 교회를 만드는 일에 여러 사람이 동참하면, 신앙이 더욱 성장하고 모두 새로워진다. 전 교인이 이 책의 원리들을 공부하여 세상을 가슴 뛰게 하는 교회를 만드는 일에 헌신한다면 더할 나위 없이 좋을 것이다.

이 책은 유용한 내용으로 구성되어 있다. 장마다 한 가지 특징을 다루므로 한 주에 한 장씩 공부해도 좋다. 책 마지막에 수록된 스터디 가이드 질문들은 홀로 묵상하거나 소그룹에서 토론하는 용도로 사용하면 된다. 각 특징들을 깊이 묵상하고 적용하는 데 도움이 될 만한 성경구절도 기록해 두었다. 이 책은 당신을 염두에 두고 쓴 것이다. 읽고, 공부하고, 적용하라. 그러면 열매를 거두게 될 것이다.

A 지점에서 B 지점까지

목회 사역 초기에 참석했던 리더십 모임을 돌이켜 보면, 지나치게 자화자찬하는 경우가 많았다. 우리는 서로 격려하는 데 열심이었다. 무슨 일을 해도 칭찬해 주었다. 우리는 일과 사역을 동일시했다. 우리는 예수님의 이름 안에서 늘 분주했고, 분주함이 곧 성공이라 생각했다. 우리는 중간만 넘으면 칭찬하기에 바빴다. 일을 맡은 사람에게 상처를 주고 싶지 않았기 때문이다. 많은 재정이 낭비되고 일관성 없는 일이 계속되더라도 등을 두드리며 열심히 하자고 격려했다. 지역사회에 영향력을 끼치고 싶었던 우리는 행사의 참석자 수만 많으면 만족했다. 그러나 정작 영적인 영향력에 대해서는 심각하게 고민하지 않았다. 사람들의 삶이 변화되고 있는지, 우리 안에 하나님의 임재가 있는지도 생각하지 않았다.

이 책에서 제시한 12가지 특징은 모든 교회가 충분히 실행할 수 있는 일이다. 그 범위나 적용 면에서 충분히 실제적이며, 실현 가능하다. 다만 교회에 12가지 특징들을 적용하려면 먼저 솔직한 '자기평가'가 필요하다. 그것은 결코 쉽지 않은 일이다.

이 책은 쇼핑몰 입구에 세워진 지도와 같다. 거기에는 현재 위치를 알려 주는 붉은 화살표가 있다. 당신이 가려는 목적지는 현재 위치에서 어느 정도 거리가 있다. 이 책은 당신이 현재 지점에서 목적지까지 가는 데 도움을 줄 것이다.

이 책은 교회를 솔직하게 평가하고 개선이 필요한 영역을 명시한 뒤, 목적지까지 가는 길을 알려 준다. 그러자면 솔직해야 한다. 서뜻 대답하기 어려운 질문에도 대답해야 한다. 이는 마음의 준비를 단단히 하라는 차원에서 하는 말이다. 용기를 내라. 당신은 할 수 있다.

만약 이 책에 제시된 특징을 지니지 않은 교회라면, A 지점에서 B 지점까지 어떻게 가야 할까? 의지만 있으면 될까? 아니면 뭔가가 더 필요한가? 둘 다 있어야 한다.

변화는 성령으로 힘입는다. 진정한 변화는 사람의 힘이 아닌, 성령의 인도와 성령이 주시는 힘으로 가능하다. 이제 우리는 성령이 우리를 통해 기꺼이 일하시도록 자신을 내어 드려야 한다. 몸을 숙여 기도하는 방향으로 나가야 한다. 기대하며 이 책을 읽으라. 기도하는 마음으로 읽고, 선한 일을 기대하라. 무엇보다도 행동을 위한 준비가 필요하다. 이 책에는 정보 이상의 것이 담겨 있기 때문이다.

아무리 좋은 정보라도 사람의 머리에 들어가 지식을 제공하는 것에서 머문 채 사용되지 않으면 부패하고 만다. 우리는 때로 배우려는 노력은 하지 않고 지식만 습득하여 타인에게 똑똑한 사람으로 보이려고 한다. 그러나 우리는 좋은 의도를 뛰어넘어야 한다. 나는 이 책을 사람들에게 영감을 주려고 쓴 것이 아니다. 물론 영감이 나쁘다는 말은 아니다. 책을 읽다가 "아하!" 하며 공감하고, 영혼이 역동하며, 마음이 뜨거워지는 일도 필요하다. 단, 영감을 받는 차원을 넘어서 다음 단계로 나아가는 일이 무엇보다 필요하다.

당신이 행동하기를 기도한다.

지식의 형태로 들어간 생각은 마음에 영감을 주고, 발까지, 더 나아가 발가락까지 내려가서 피를 통하게 하고 다리를 움직이게 해야 한다. 바로 그때 지속적인 삶의 변화가 일어난다. 좋은 생각이 발까지 내려가면, 바리새인이 제자로 변한다. 좋은 생각에 가치를 부여하고, 그 생각이 이끄는 방향으로 걸어가는 것이다. 나는 이 일을 위해 기도한다.

생각이 머리에 들어가면 '정보'다.
정보가 마음에 닿으면 '영감'이다.
영감이 발톱과 손톱까지 번지면 '성육신'이다.

이 책의 목적은 모든 교회를 똑같이 만들고자 하는 것이 아니다. 내가 목회하는 뉴 호프 오아후 교회를 모방하여 동일한 방법을 적용하는 일은 내가 원하는 바가 결코 아니다. 만약 그런 우를 범하면 공동체의 정통성을 잃게 되고, 결국 좌절감만 남을 것이다.

이 책에 나오는 특징들을 잘 분별하여 당신이 속한 지역과 사람들에게 적용하라. 하나님께 받은 사명에 걸맞은, 보는 것만으로도 가슴을 뛰게 하는 교회를 만들기 바란다. 당신의 교회가 추구하는 가치에 맞게 특징들을 조정해도 좋다. 가치란, 어떤 사람이나 조직이 능력과 관심, 시간, 재능, 재정, 인원을 동원하여 추구하는 대상이다.

12가지 특징을 당신의 것으로 만들라. 오히려 이 책에 없는 건강한 특징을 새롭게 개발할 수도 있다. 12가지 특징은 이미 검증된 내용이지만 완벽하지는 않다. 당신의 교회에 맞게 마음껏 조정하기 바란다.

변화의 DNA

지금까지 나는 변화의 필요성을 역설했다. 이 변화의 과정은 모든 교회를 매력적인 곳으로 바꾸어 놓을 수 있다. 사람들은 변화라는 단어에 겁을 먹는다. 보통은 거부감을 갖기 마련이다. 변화는 좀처럼 쉽지 않다. 그러나 세상을 가슴 뛰게 하는 교회는 노력 없이 이루어지지 않는다. 불편을 감수해야 한다. 진정으로 그리스도와 함께 걸을 때, 그분은 우리를 건강한 변화의 장으로 초청하신다. 우리는 그러한 변화의 과정을 정기적으로 가져야 한다.

일본어에는 생활방식의 변화를 뜻하는 '가이젠'(かいぜん, 개선)이라는 단어가 있다. 이 말에는 '지속적인 향상을 위해 변화를 추구한다'는 뜻이 담겨 있다. 탁월함은 우리가 한번 달성한 뒤에 영원히 누릴 수 있는 것이 아니다. 지속적으로 개발해야 하는 것이다. 교회 안에는 더 많은 '가이젠'이 필요하다. 더 퍼져 나가기 위한 변화를 지속적으로 추구해야 한다. 조정하고 성장하며, 새로운 방식으로 새로운 사람들에게 번져 가자.

고린도후서 3장 18절에 "그와 같은 형상으로 변화하여 영광에서 영광에 이르니"라는 구절이 있다. 이 변화가 바로 '개선'이다. 교회는 하나님의 최선을 위하여 하나님이 교회를 이끄시도록 온전히 순복해야 한다.

청지기의 삶

신뢰를 가지고 이 책을 읽기 바란다. 이 책에 정리된 특징들은 모두 30년 동안 연구하고 다듬어 적용한 결과다. 우리는 지난 30년 동안 110개 이상의 교회를 개척했다. 그동안 성과와 업적보다는 실수한 적이 훨씬 많았다. 나름대로 어려운 시기도 겪었다. 그러나 요점은 그것이 아니다. 옛말 중에 "잔잔한 바다는 노련한 뱃사람을 키워 내지 못한다"라는 말이 있다. 우리 교회는 폭풍이 이는 거친 바다를 헤쳐 왔고, 그 덕에 여기에 이르렀다. 그래서 쭉정이는 바람에 날리고, 확실한 알곡만 책에 담을 수 있었다.

우리는 지난 20년 동안 8만 3천 명이 그리스도를 영접하는 모습을 목격하는 은혜를 누렸다. 여기에서 분명히 강조하고 싶은 부분이 있다. 세상을 가슴 뛰게 하는 교회가 된다는 말은 숫자상으로 대형교회가 된다는 말이 아니다. 나는 대형교회를 만드는 법을 설명하기 위해 이 책을 쓴 게 아니다. 축복은 교인수로 판단할 수 없다. 축복의 핵심은 영적인 영향력이다. 나는 작은 교회들이 그들만의 매력을 발휘하여, 강력한 영적 영향력을 행사하는 경우를 자주 보았다. 한편 다양한 활동과 홍보로써 교인수를 늘리는 데에만 초점을 두는 대형교회들도 보았다. 물론 그 중간쯤에 해당하는 교회들도 보았다.

이 책의 핵심을 다시 한 번 말하겠다. 내가 이 책에서 말하는

12가지 특징은 '세상 사람들'의 가슴을 뛰게 하는 교회가 되는 법이 아니다. 물론 그러한 결과를 얻을 수는 있지만, 이 책의 핵심은 그것이 아니다. 이 책의 핵심은 '하늘'이 거부하지 못하는, 하늘의 가슴을 뛰게 하는 교회가 되는 방법이다. 하늘의 참여와 역사가 일어나지 않을 수 없는 교회가 되는 것이다. 사람들을 대하는 방법이나 교인수를 늘리는 방법에 대한 아이디어를 얻을 수도 있겠지만, 우리 마음과 우리 자신을 의도적으로 하나님의 은혜 아래 두어야 한다는 원칙을 잊지 마라.

하나님의 은총 아래 형통하기 위해서는 신실함이 필요하다. 하나님의 뜻을 알고 행동해야 하는 것이다. 교회의 규모나 역사, 위치, 교단, 설립연도는 중요하지 않다. 다만 모든 교회가 하나님의 뜻에 신실해야 한다. 하나님이 우리의 마음을 넓히시면 모든 교회가 하나님 계명의 길로 달려갈 수 있다(시 119:32).

이 말씀은 우리에게 반가운 소식이다. 지금은 그 어느 때보다 모든 교회가 각자 마땅히 감당해야 할 사명을 성실히 수행해야 하는 시기다. 미국만 해도 교회 수가 37만 개가 넘으며, 교회에 관련된 제품의 매출이 연간 750억 달러에 이른다. 그러나 교회가 도시에 미치는 영적 영향력은 극히 미약하다. 최근에 하와이 주는 2천 명의 수감자를 사회로 돌려보냈는데, 교도소의 수용 공간이 부족해서였다. 사람들은 사회 범죄 증가의 원인을 세금 부족, 마약 남용, 가족 붕괴에 돌리지만, 나는 교회에도 일부 책임이 있다고 생각한다. 우리는 사회에 영향을 끼치는 역할을 제대로 수행하지 못하고 있다.

그러나 소망은 있다. 세상을 가슴 뛰게 하는 교회는 양육될 수 있기 때문이다. 세상을 가슴 뛰게 하는 교회는 사람들을 하나님께로 인도하고 사람들의 삶을 개선하며 사회에 선한 영향력을 끼치는 일을 위해 성령이 사용하시는 도구다. 자신이 누구인지를 깨달아 하나님이 요구하시는 일에 충실히 임하면, 그리스도를 찾고 그분을 위한 삶을 살기 위해 멀리 갈 필요가 없다. 엉뚱한 일에 삶을 낭비하지 않고, 삶을 잘 관리하는 청지기가 될 수 있다.

이 책에 담긴 약속을 신뢰하기 바란다. 세상을 가슴 뛰게 하는 교회의 핵심은 매주 교회에 오는 참석자 수에만 집중한 채 그저 손 놓고 있는 것이 아니다. 하나님을 향한 삶에 집중하고 준비하여, 세상에 나가 그 삶의 목적대로 살아야 한다. 교회는 제자들이 모였다가 흩어지는 곳이다.

성 아우구스티누스는 이렇게 말했다. "사람의 제일가는 목적은 하나님께 영광을 돌리고 그분을 영원토록 즐거워하는 것이다." 우리의 삶을 중요한 일에 사용하자. 삶을 잘 관리하는 청지기로 사는 것은 우리의 책임이자 우리에게 주어진 기회다. 세상을 변화시킬 만한 가슴 설레는 교회를 만들자. 교회인 우리 모두 그 일을 시작하자.

이 일에 동참하고 싶다면 이 책을 계속 읽기 바란다.

특징 01

하나님의 임재에 굶주린 교회

IRRESISTIBLE CHURCH

몇 년 전에 우리 교회의 예배 장소인 고등학교로부터 한 주간 동안 강당을 사용할 수 없다는 통보를 받았다. 우리에게 강당을 빌려 주던 학교는 보통 6-8개월 전에는 이런 소식을 미리 알려 주곤 했었는데, 이번에는 6주밖에 안 남은 상황에서 미안하다며 연락을 주었다.

이에 급히 주일예배 장소를 찾아야 하는 긴급 상황이 벌어졌다. 우리는 이곳저곳을 수소문했다. 알로하 스타디움, 강당, 대학 등 1만 명을 수용할 만한 장소에 연락을 취했지만 가능한 곳이 없었다. 유일하게 가능한 장소가 야외 공원이었으나, 하와이 날씨가 문제였다. 봄에는 날씨가 안 좋고 예측도 어려웠다.

하늘이 맑았다가도 갑자기 비가 쏟아지곤 했던 것이다. 그러나 다른 대안이 없었으므로 우리는 공원을 예약한 뒤, 최소한 주말만이라도 맑은 날씨를 허락해 달라는 비상기도에 돌입했다.

야외 예배를 위한 준비는 착착 진행되었다. 거대한 음향 시설과 수백 개의 조명, 엄청난 무대 시설을 대여했다. 보통은 5부 예배까지 드리지만 이번에는 토요일 저녁에 한 번, 주일 오전에 두 번, 이렇게 세 번을 드리기로 했다. 무대를 보호하기 위해 세운 천막은 거대한 비행기 격납고 같았다. 만일 비가 오게 되면 신속히 대피할 수 있도록 천 명 정도 수용 가능한 천막도 세웠다. 안타깝게도 대여할 수 있는 다른 천막이 없어서, 참석자들은 저녁에는 별이 빛나는 하늘을 천막으로, 오전에는 푸른 하늘을 천막으로 삼아 예배를 드려야 했다.

드디어 주말이 되었다. 날씨는 별로 좋지 않았다. 토요일 저녁 6시에 시작된 첫 예배 때는 이슬비가 내렸다. 몸은 살짝 젖었지만 모두 만족스럽게 예배를 무사히 마쳤다.

그날 잠자리에 들기 전, 하늘에 계신 최고 일기예보관께 다시 한 번 간청해야겠다고 생각한 나는 정중히 간구했다. "주님, 지금까지 제가 주님을 성실하게 섬겨 온 것을 주님이 아시옵니다. 주님께 장수(長壽)를 구하거나 원수의 멸망을 구하지 않았나이다(진지하게 기도할 때는 나도 모르게 1611년 흠정역 시대의 말투가 나온다). 간구하옵나니 아침에 모여 주를 예배하는 주의 사랑하는 백성이 젖지 않도록 햇빛을 주옵소서."

그러고 나서 나는 적절한 성경 용어로 잘 간구했다는 만족감을 안고 잠이 들었다. 그러나 다음 날 아침 일찍, 빗소리에 잠을 깼다. 나는 곧장 무릎을 꿇고 이번에는 평소 말투로 기도했다. "사랑의 주님, 이러시면 안 됩니다! 제발 하늘의 수도꼭지를 잠가 주십시오. 부탁드립니다."

나는 모든 신뢰를 끌어모아 우산 없이 주차장으로 걸어갔다. 공원에 도착할 때쯤이면 비가 멈추리라 믿으면서 말이다. 그러나 운전하는 동안 빗방울이 앞 유리에 떨어졌다. 하늘이 개일 거라 확신하면서 와이퍼를 작동시키지 않았지만, 그럴수록 앞이 보이지 않아 운전하기가 어려웠다. 공원에 도착하니 이미 찬양이 시작되어 있었다. 신실한 예배자들이 비를 맞으며 찬양하고 있었다. 나도 회중 속에 들어가 참여했다. 나의 찬양하는 모습이 그들과 비슷했을지는 몰라도, 마음만큼은 달랐다. 나는 손을 높이 들고 하나님께 불평을 늘어놓았다. "하나님! 제가 얼마나 주님을 오래 섬겼는지 굳이 말씀드려야겠습니까? 한 가지만 부탁드립니다. 딱 하나만 들어주십시오. 비가 웬 말입니까? 주님, 어떻게 이러실 수 있습니까?"

그러자 하나님의 음성이 느껴졌다. 화를 내진 않으셨지만, 단호했다. 다른 사람도 들었을지 모르겠으나, 분명 하늘을 가르는 음성이었다. "너는 나의 임재보다 비에만 신경을 쓰는구나."

이 말씀을 듣자 모든 것이 멈춘 듯했다. 음악이 멈추고 시간도 멈췄다. 맞는 말씀이었다. 하나님의 임재가 없다면 맑은 날씨도 그저 햇볕이 내리쬐는 하루에 불과하지만, 하나님의 임재가 있으면 비가 오는 날이라도 섬 전체가 변하는 부흥의 시작이 될 수 있다.

하나님의 음성이 내 안에 계속 맴돌았다. 내가 하나님의 임재보다는 문제가 사라지기만을 바라고 있었음을 깨닫자마자, 나는 태도를 바꾸어 하나님의 임재를 간절히 구하기 시작했다. 더 이상 비는 내게 문제가 되지 않았다. 내 마음속에 하나님의 임재를 향한 갈망이 넘치기 시작했다.

그리고 예배가 끝날 무렵, 하늘이 갈라지면서 이제껏 본 적 없는 아름다운 햇살이 하나님의 백성을 비춰 주었다. 하나님이 우리와 함께하신다는 확증이었다.

더욱 큰 갈망

하나님이 축복하시는 매력적인 교회의 첫 번째 특징은 '하나님의 임재를 향한 굶주림'이다. 그러나 하나님의 무소부재하심에 대한 성경말씀을 생각하면, 이 말이 다소 이상하게 들릴 수도 있다. 하나님은 영이시며 물리적 형태가 없으신 분이다. 모든 곳에 이미 그분이 계시며, 모든 것이 그분의 임재 안에 존재한다. "두세 사람이 내 이름으로 모인 곳에는 나도 그들 중에 있느니라"(마 18:20)는 말씀이나 "나는 천지에 충만하지 아니하냐"(렘 23:24)라는 말씀을 봐도 알 수 있듯, 그 무엇도 그분의 눈길을 피할 수가 없다.

그렇다면 하나님의 임재를 향한 굶주림이란 무엇일까? 이 말에는 세 가지 의미가 포함되어 있다.

첫째, 하나님의 임재에 대한 더욱 큰 깨달음이다. 하나님이 이미 옆에 계시더라도 우리는 그분의 임재를 더 깊이 느끼기 원한다. 하나님을 더 크게 인식하고 싶어 한다. 우리 가운데 계신 그분을 잘 알고 싶어 한다. 하나님은 우리가 그분을 가까이하면 우리를 가까이하겠다고 약속하셨다(약 4:8). 성경은 하나님을 갈망할수록 그분의 임재를 더 깊이 느낄 수 있다고 말한다.

둘째, 하나님의 임재를 갈망할 때 우리는 그분의 성령으로 충만하게 채워지기를 갈망한다. 물론 성령은 신자 안에 거하고 계시지만, 에베소서 3장 18-20절에 의하면 우리의 삶에 역사하시는 하나님의 권능과 임재 정도에 따라 우리의 경험이 달라진다. 하나님이 우리 삶의 모든 영역을 차지하실 때 우리는 성령으로 충만하게 채워진다. 성령은 우리 안에서 그분이 계획한 일을 행하신다. 우리를 인도하고 지도하신다. 하나님의 능력은 우리를 통해 성령의 열매로 나타난다. 사랑과 희락, 화평, 오래 참음, 자비 등으로 말이다(갈 5:22-23 참고).

셋째, 하나님의 임재를 갈망할 때 우리는 특정한 '때'에 특정한 '일'을 하기 위해 특별한 기름부음을 간구한다. 다시 말해, 겉으로 드러나는 하나님의 임재를 원한다. 특정한 상황이나 사건에서 하나님의 역사를 분명히 목격하고자 한다. 예를 들면 하나님의 특별한 권능이 예배 가운데 풀리거나 사람들의 삶에 특별한 방법으로 역사하여 부흥이 찾아오는 경우가 있다. 시편에 기록된 하나님의 임재를 보라.

> 여호와께서는 자기에게 간구하는 모든 자 곧 진실하게 간구하는 모든 자에게 가까이 하시는도다 시 145:18

하나님의 임재가 나타남에 대해 말할 때는 주의가 필요하다. 하나님의 임재를 오용하고 남용할 뿐 아니라, 심지어 지나치게 감정적인 것만 원하고 광적인 영적 경험을 추구할 위험이 있기 때문이다. 하나님의 임재가 나타나기를 간구할 때는 성경에 기록된 하나님의 뜻과 일치하는지 확인해야 한다. 하나님의 임재는 죄를 증오하고, 예수 그리스도의 인성을 존중하며 의로움을 사랑하는 마음을 일으킨다. 이는 성경에 기록된 진리와 같다.

우리는 이 세 가지를 감안하면서 하나님의 임재를 구해야 한다. 누군가 "미국의 교회 중 절반은 교회에서 성령이 사라져도 아무 일 없었다는 듯이 평소대로 지낼 것이다"라고 말했다. 지금 같은 마지막 때, 그런 일은 생각만 해도 끔찍하다. 세상을 가슴 뛰게 하는 교회는 무엇보다도 하나님의 임재를 갈망한다. 그들은 넓은 예배당, 최신 프로그램, 수많은 교인, 넘치는 재정, 비가 오지 않는 맑은 날보다 그분의 임재를 바란다.

링컨의 기도

하나님의 임재를 구하는 일의 핵심이 무엇인지 예를 들어 설명해 보겠다. 에이브러햄 링컨은 훌륭한 대통령이자 하나님의 사람이었다. 보통 믿음이 좋은 설교자들은 강단에 올라가기 전에 "주님 없이는 실패할지도 모릅니다"라고 기도한다. 그러나 에이브러햄 링컨은 이렇게 기도했다. "주님 없이는 반드시 실패합니다."[1]

두 기도의 차이를 알겠는가? 링컨의 기도는 위험한 기도였다. 또한 매우 솔직하고 담대하며 능력 있는 기도였다. 그는 인간이 의지를 발휘하여, 인간의 노력으로 훌륭한 일을 할 수 있다는 것을 알았다. 인간의 힘으로 인상적인 프로그램을 만들고, 중요한 계획을 실천하며, 긍정적인 분위기를 이어갈 수 있다는 사실을 그는 알았다.

그러나 그는 인간이 만든 것보다 훨씬 위대한 일, 하나님이 시작하시고 역사하시는 일을 원했다. 하나님으로부터 시작된 일이 아니라면 성공하고 싶지 않았다. 자신이 하는 일의 중심에 하나님이 계시지 않는다면, 그 일의 성공은 물론이고 그 일이 시작되는 것조차 바라지 않았다.

"주님 없이는 반드시 실패합니다." 링컨의 기도야말로 모든 교회가 해야 할 기도라고 생각한다.

만일 교회에서 하나님의 임재가 느껴지지 않는다면 어떻게 해야 할까? 교회가 방향을 바꾸기 위해 할 수 있는 행동을 세 가지 제시해 보겠다.

하나. 현실을 인정하라

제일 먼저 할 일은 현실 파악이다. 영적인 분위기에 익숙해지면, 하나님의 임재가 없다는 사실을 인정하기 쉽지 않게 된다. 필요를 느끼지 못하면 개선을 위해 행동하지도 않는다. 교회의 현 상태를 점검하라. 다음 증상이 얼마만큼 나타나는가?

- 열매 없음   이 상태의 교회에는 사랑과 희락, 화평, 오래 참음, 자비, 양선, 충성, 온유, 절제가 부족하며 영적 영향력도 미미하다. 교회에 회심자나 세례식이 있은 지도 오래되었다.
- 말씀 없음   사람들이 하나님의 말씀인 성경을 읽지 않는다. 매주 선포되는 설교에서도 말씀에 대한 강조가 미약하다. 사람들은 성경의 원칙을 실천하지 않으며, 하나님의 말씀에 기초한 원칙이나 율법을 따라 살지 않는다.
- 관심 없음   관계에 치중하다 보니 영적 훈련이 틀에 박힌 일상이 되었다. 영적인 것에 흥미를 잃은 지 오래다.
- 비전 없음   사람들은 교회의 영적 영향력보다 교회를 운영하는 데 필요한 자원에 관심을 둔다. 바닥에 깔 카펫

의 색깔을 고르는 문제 등이 영혼을 살리는 문제보다 우선시된다.

선교 없음 사람들을 훈련하여 내보내기보다는, 교회 안으로 사람들을 모으는 일에 관심을 둔다.

구원 없음 구원과 세례보다 헌금 액수와 교인수를 세는 데 치중한다. 변화된 인생의 큰 그림을 보는 눈도 상실했다(삶의 변화는 수치로 드러나지 않는다).

목적 없음 교회가 그리스도께 얼마나 순종하느냐보다는 교회가 사람들에게 어떻게 보이느냐를 걱정한다. 마음과 신실함과 순종보다는 성과와 이미지를 중요하게 여긴다. 하나님의 판단 기준과 다르다.

둘. 의로움으로 채우라

하나님의 임재를 구하기 위해 실천해야 할 두 번째 행동은 모든 교인의 마음을 하늘에 맞추는 것이다. 방법은 매우 간단하다. 컴퓨터에 스마트폰을 동기화하듯, 하늘에 마음을 동기화하면 된다. 우리 마음을 하늘의 마음에 연결하여, 하나님이 보시는 것을 우리도 보고, 하나님이 중요하게 여기시는 일을 우리도 중요하게 여기는 것이다. 하나님의 마음이 움직이는 일에 우리의 마음도 움직인다. 현재 상황을 바꾸는 쪽으로 기도하고 수고하며 노력한다.

내 마음에 오랫동안 남아 있는 존 웨슬리의 말이 있다. 바로

"나는 영원히 남는 가치를 기준으로 모든 것에 가격을 매긴다"[2]라는 말이다. 하나님의 말씀과 사람들 외에 하늘에서 중요한 가치를 두는 것이 무엇일까? 세상에서는 그다지 중요하게 생각되지 않는 인간관계가 하늘에서는 매우 중요할 수 있다. 반면 세상에서는 엄청난 가치를 지닌 보물일지라도 하늘에서는 큰 가치가 없을 수도 있다. 현재의 공간을 의로움으로 채울 때, 우리는 영원히 남는 가치를 기준으로 모든 것에 가격을 매기는 것이다.

셋. 만질 수 있고 눈에 보이는 믿음의 증거를 보이라

이것이 하나님의 임재를 구하는 일과 무슨 상관이 있나 싶을 수도 있는데, 내가 경험해 보니 큰 도움이 되었다. 만질 수 있고 눈에 보이는 믿음의 증거는 '마음'에서 시작된다. 우리는 마음의 문제를 중요하게 처리해야 한다. 눈에 보이는 행동이 있으면 믿음이 따라온다.

하늘의 가치를 보여 주는 도구로 교회 환경을 꾸며 보라. 메시지가 눈에 들어오도록 구체적인 도구를 사용한다. 예를 들어 하나님의 임재로 더욱 나아가고 싶다면, 교회의 사명 선언서를 모든 사람이 볼 수 있는 벽이나 봉투, 웹사이트에 게시하라. 교회의 목적을 적절한 곳에 공지하여 모든 사람이 기억하게 한다. 히브리서를 보면 우리가 들은 것이 흘러 떠내려가지 않도록 들은 것에 더욱 유념하라고 한다(히 2:1). 우리는 사명에서 멀어지기 쉽다. 사명에 전략적으로 대처하지도 못한다. 인간의 마음은 언제나 무질서, 이기심, 세속성으로 흐르기 마련이다. 우리의 마음이 하늘과 일치하고 다른 사람들과 일치하도록 교회를 하늘의 색으로 칠하기 바란다.

╲ 하늘을 침묵시키는 갈망 ╱

하나님의 임재를 어떻게 인지할 수 있을까? 하나님의 임재는 언제나 성경말씀과 일치한다. 그러나 당신이 속한 교회에 하나님이 어떤 방법으로 나타나실 것인지에 대해서는 나도 잘 모른다. 다만 하나님을 간절히 구하면 어떤 식으로든 하나님을 높이게 된다.

한번은 작은 시골의 어느 교회로부터 설교 부탁을 받았다. 회중이 80명 정도 모였는데, 19-21살 정도 되어 보이는 세 청년이 찬양을 인도했다. 교인들은 "나 같은 죄인 살리신"이나 "나는 비록 약하나"와 같은 찬송을 열정적으로 크게 불렀다. 특히 세 청년의 소리가 모든 회중의 소리보다 컸다. 그들의 열정은 대단했으나 사실 노래 실력은 별로였다. 손으로 귀를 틀어막고 싶을 정도였다. 음률이 맞지 않는 노래를 듣고 있자니 민망하기까지 했다. 고통스러운 소리에서 해방되고 싶은 마음에 나는 하나님께 불만을 터뜨렸다. 그 순간 주님께서 위엄 있는 음성으로 나를 책망하셨다. "저들의 찬양을 듣고, 내 임재를 향한 저들의 갈망을 보기 위해 나는 천국을 침묵시켰다. 너도 저들의 찬양에 동참하라."

이야기가 잘 전달되지 않을 수도 있겠지만 또 하나의 경험을 나누고자 한다. 우리 교회는 오랫동안 하나님의 임재를 위해 기도해 왔는데, 한번은 하나님의 말씀과 함께 안개 같은 것이 강당에 나타난 적이 있다. 매우 특이한 경험이라서 말로 설명하기가 어렵다. 처음에는 렌즈에 뭐가 끼었나 싶어서 눈을 깜빡였는데 같은 현상이 여러 번 반복되었다. 하와이의 바닷바람과 예배당에 모인 사람들의 체온이 합쳐져서 발생한 자연 현상은 아니었다고 생각한다. 더운물로 샤워할 때 욕실에 생기는 자욱한 수증기나 태풍이 지나간 뒤 뜨거운 도로 위에 피어나는 증기와도 분명히 달랐다. 나는 하나님의 임재가 그 안갯속에 있었다고 확신한다.

이 사건을 공개적으로 발표하거나 언급한 적은 없다. 사람들이 하나님을 찾기보다 안개를 찾을까 봐 우려하는 마음이 있었기에, 겉으로 드러나는 하나님의 영광을 강조하지는 않았다. 눈에 보이는 영광도 중요하지만 그리스도의 십자가로 인한 삶과 마음의 변화, 복음이 더 중요하다. 나는 안개가 보일 때면 사람들의 관심을 집중시키기보다는 그저 말씀을 선포하고, 하나님의 부드러운 임재가 주는 따스함을 누리면서 조용히 스바냐 말씀을 묵상했다.

> 너의 하나님 여호와가 너의 가운데에 계시니…그가 너로 말미암아 기쁨을 이기지 못하시며 너를 잠잠히 사랑하시며 습 3:17

날씨와 하나님의 임재 이야기를 하다 보니, 문득 이런 기억이 떠오른다. 하와이에서 비가 가장 많이 오는 힐로에서 사역한 11년을 포함하여, 지금까지 나는 26년 동안 하와이 사람들에게 세례를 베풀었다. 뉴 호프 오아후 교회가 시작된 이래 알라모아나 해변에서 1만 6천 명 이상이 세례를 받았는데, 세례식이 있는 날이면 거의 언제나 비가 내렸다. 비 오는 날 야외에서 세례식을 진행하려면 어려움이 많다. 세례 받을 사람들이야 어차피 몸이 젖어도 괜찮지만, 다른 참석자들은 그렇지 않다.

비바람을 맞으며 해변에서 세례식을 할 때마다 주님은 구름을 가르고 햇살을 내려 주셨다. 한번은 쏟아지는 빗속에서 우산을 쓴 채 세례 받는 사람을 위해 기도하고 물 쪽으로 걸어가는데, 어느덧 비가 그치고 햇살이 내려왔다. 정말이지 하나님의 기쁨을 보는 듯했다. 하늘의 열린 구멍으로부터 세례식 장소를 향해 조명이 비추는 느낌이었다. 밝은 광선을 보고 있으니 하나님이 "내가 맡긴 일을 잘하고 있구나"라고 말씀하시는 듯했다. 세례식이 끝나 교회로 이동하자 다시 비가 내리기 시작했다.

당신의 교회가 하나님의 임재를 경험하는 방법은 우리 교회의 방법과는 다를 것이다. 노래 실력은 아쉽지만 열정이 넘치는 예배 인도자를 구하거나 예배당에 안개가 가득하기를 기대할 필요가 없다. 하나님이 구름을 가르시는 것을 보기 위해 일부러 야외에서 세례식을 진행할 필요도 없다. 당신 교회만의 방법으로 하나님을 찾으라. 얽매이기 쉬운 죄를 벗어 버리고, 인내로써 우리 앞에 놓인 경주를 하자(히 12:1-2). 예수님께 시선을 고정하고, 예수님을 사랑하고 섬기며, 그분의 임재를 더욱 누리자. 그분은 하나님이다. 그분이 자신을 드러내는 방법은 그분의 선택에 달려 있다. 아멘.

행동 지침 ❶ | **하나님의 임재를 구하라**

특징 02

정체성을
제대로 아는 교회

IRRESISTIBLE CHURCH

커피병에 붙은 사진을 본 순간 그의 몸이 얼어붙었다. 그는 두 눈을 비비며, 선반에 놓인 테이스터스 초이스 커피병에 붙은 사진을 다시 보았다. 사진 속 얼굴이 누구인지는 명백했다. 지금보다 구레나룻이 짙고 눈가 주름이 없었지만, 캘리포니아에서 유치원 교사로 일하던 58세의 러셀 크리스토프, 즉 자신이 분명했다. 점원에게 커피병을 보여 주자 이렇게 반응했다. "와, 사진 잘 나왔네요. 손님, 유명한 분이셨군요!"

크리스토프는 그 커피병을 들고 변호사 사무실을 찾았다. 이로써 커피 회사와의 법적 싸움이 시작되었다. 16년 전, 크리스토프는 아르바이트로 모델 일을 하다가 커피 광고 오디션에서 사진을 찍은 적이 있었다. 회사는 그의 사진이 채택되면 연락을 주겠다고 했으나 오랫동안 연락이 없었고, 크리스토프는 그 사실을 잊었다. 그런데 회사는 사진을 사용하는 것에 동의가 이루어졌다고 생각하고 그의 사진을 사용해 버렸다. 인쇄된 사진이 붙은 커피는 6년 동안 미국, 캐나다, 멕시코, 일본, 한국, 이스라엘, 쿠웨이트 등 세계 전역에서 판매되었다.

모든 소동이 정리될 즈음 배심원은 크리스토프의 사진이 회사의 매출에 큰 도움을 주었다고 결론지었다. 판사는 회사가 크리스토프의 허락 없이 사진을 무단으로 사용했으므로, 크리스토프의 사진이 붙은 테이스터스 초이스 커피가 판매된 기간 동안 회사가 거둔 수익의 5% 이상에 해당하는 보상금을 지급하라고 판결을 내렸다. 결국 그는 1,530만 달러(한화로 170억 이상)를 받았다.

이를 통해 어떤 교훈을 얻을 수 있을까?

내가 누구인지 알면 유익하다는 사실이다.

교회의 정체성

당신이 목사이든 평신도이든 자신이 누구인지를 잊지 마라. 이스라엘은 그들에게 주어진 지상에서의 사명을 망각한 채 엉뚱한 길에서 방황했다. 우리의 진정한 정체성을 생각해 보자.

그리스도인으로서, 그리고 지역 공동체로서 우리는 누구인가?

하나님이 축복하시는 매력적인 교회의 두 번째 특징은 '정체성을 제대로 인식하는 교회'이다. 그리스도를 따르는 우리는 전체 교회를 구성하는 성도들의 몸의 일부다. 우리는 영광스러운 존재다. 이 정체성은 우리를 행동으로 이끈다. 우리의 참 정체성을 알아야 그에 합당하게 행동할 수 있다.

이 일이 쉽지만은 않다. 자신이 누구인지를 기억하고 그에 따라 행동하기가 어려운 이유는 '교회'라는 단어에 포함된 여러 가지 의미 때문이다.

교회는 예배하기 위해 모인 사람들 또는 건물을 의미한다. 회중이나 성도, 교회의 리더십, 결정권자를 지칭할 때도 있다. "교회에서 새로운 목회자를 추대하기로 결정했다"라거나 "건너편 교회가 오늘 저녁에 전도 행사를 개최한다"라는 말을 들어 보았을 것이다.

또 교회는 우리가 하는 행위, 즉 우리가 드리는 예배나 모임을 지칭하기도 한다. 그래서 "오늘 교회 가니?"라는 식으로 말하기도 한다.

한편 '연합 감리 교회'처럼 특정 신앙이나 교리, 계획에 초점을 둔 교단이나 집단을 지칭할 때도 있다.

교회(church)라는 단어를 영어로 쓸 때 대문자 'C'를 사용하면 그리스도 안에 있는 모든 신자를 지칭하는 말이 된다. 그리스도를 자신의 구세주로 인정하고 그분을 위해 사는 사람들 전부, 즉 총체적 교회를 말한다. 교회를 그리스도의 신부로 부르는 것도 비슷한 맥락이다.

이 책에서 말하는 교회 역시 세 가지 이상의 의미를 지니고 있다. 교회는 곧 우리 자신이다. 우리는 성도들로 이루어진 몸의 구성원이며, 교회는 전체 교회에 속한 교회들의 지역 모임이다. 우리는 교회(건물)에서 만나는 교회(하나님의 백성)다.

한편 내가 이 책에서 말하는 교회는 사람들이 결코 질려 하지 않는 지역 공동체를 의미한다. 무엇보다 그리스도의 신부인 우리의 진정한 정체성을 기억하고 그에 합당한 삶을 사는 것이 중요하다. 교회는 그리스도의 영광을 반영하는 곳이며, 그리스도는 우리가 결코 거부할 수 없는 분이므로, 결국 교회는 거부할 수 없는 곳이 된다. 사람들은 교회에 와서 우리를 보는 것이 아니라 그리스도를 만나야 한다.

이 점을 명심하라. 당신의 교회는 당신보다 더 깊이 참여하지 않는다. 교회는 당신보다 더 헌신적이지 않다. 당신보다 더 진실하지 않다. 더 긍정적이지도 않다. 왜일까?

바로 당신이 교회이기 때문이다!

신부, 군사, 가족

교회의 정체성에 대해 자세히 살펴보자. 결혼식 날의 신부가 있다. 신부는 정말 눈부시게 빛이 난다. 드레스는 아름답고, 머리는 완벽하게 올렸다. 식장으로 걸어 들어가는 신부의 얼굴에는 자신감 가득한 미소가 넘친다. 아름다움, 광채, 소망, 약속의 모습이다. 평생 꿈꿔온 특별한 날, 신랑 옆에 선 신부는 자신이 얼마나 소중하고 가치 있는 존재인지를 깨닫는다. 신랑은 신부의 매력을 거부할 수 없다.

교회와 그리스도의 모습이 바로 그렇다. 신랑이 신부를 사랑하듯 그리스도는 우리를 열렬히 사랑하신다. 성경을 보면 신랑, 신부의 비유가 두 곳 이상 나온다. 요한계시록 21장 9-10절에서 교회는 어린양의 아내라 불리며, 에베소서 5장 21-30절에서 사도 바울은 "그리스도께서 교회를 사랑하심 같이" 남편들도 자기 아내를 사랑해야 한다고 말한다.

우리는 영광스러운 존재다. 우리의 참모습을 기억하는 것이 세상을 가슴 뛰게 하는 교회의 두 번째 특징이다. 자신이 누구인지 알면 그 정체성이 행동으로 표현된다. 우리는 예정된 운명을 성취하고, 목적으로 충만한 삶을 만족스럽게 살며, 잘못된 일에 시간을 낭비하지 않는다. 우리에게 주어진 삶은 한 번뿐이다. 이번 삶을 망쳤다고 두 번째 삶에서 바로잡을 수 없는 것이다. '오늘'은 우리에게 주어진 삶에서 매우 중요한 일부다. 이 모든 삶이 끝나서 하나님 앞에 섰을 때 "잘하였다"라는 말을 듣고 싶지 않은가?

어떤 사람들, 특히 남성들은 '신부'라는 개념을 불편해한다.

신부라는 개념 자체가 너무 여성적이고 다른 세상 이야기 같다고 한다. 당신도 그렇게 생각하는가? 걱정하지 마라. 성경은 신부 외에 다른 비유로도 교회의 정체성을 설명한다.

디모데후서 2장 3-4절에서 우리는 그리스도의 '군사'로 일컬어진다. 이는 남성들도 쉽게 받아들이는 개념이다. 그리스도는 우리의 사령관이자 인도자이며 대장이다. 그분은 전투 속에서 우리를 이끄신다. 우리는 그리스도가 이끄시는 최정예 부대의 자원병인 셈이다. 오늘날로 치면 특수부대 요원이나 유격대 정도라고 할 수 있다. 용맹, 명예, 용기의 모범이 되시는 그리스도의 리더십 아래 있다는 사실은 매우 큰 특권이다. 다시 한 번 강조하지만 자신이 누구인지 알아야 그 정체성에 맞게 행동할 수 있다.

베드로전서 2장 9절에서 교회는 "택하신 족속이요 왕 같은 제사장들이요 거룩한 나라요 그의 소유가 된 백성"으로 일컬어진다. 간단히 말해서 교회는 부름 받았고 선택되었으며 소중한 존재다. 교회는 존경받고 특별한 섬김을 받는 왕족의 일원이다. 우리를 향한 하나님의 사랑은 강하며, 그리스도는 그분의 백성인 교회와 영원한 서약을 맺으셨다.

우리가 성경의 어떤 비유를 기억하여 행동에 옮기느냐는 중요하지 않다. 우리가 누구인지 알려 주는 비유는 모두 한 가지로 귀결된다. 교회는 하나님께 사랑받고 선택받고 격려를 받는 구별된 존재다. 이 책에서는 신부의 비유를 자주 인용할 텐데,

우리가 그리스도의 신부라는 사실이 개인적으로 가장 영광스럽게 느껴지기 때문이다. 요점은 교회가 자신의 정체성대로 살면, 거부할 수 없는 존재가 된다는 것이다. 교회는 정예부대의 군사이며 왕족의 자손이다. 우리는 매력적이고 권위가 있으며 목적을 가진 존재다. 신부는 사람들을 끄는 매력을 지녔다. 사람들은 예식이 끝난 뒤에 신부와 인사하려고 줄을 서며, 피로연에서 신부와 춤추기를 원한다. 여기에서 이 사실을 강조하고 싶다. 교회도 신부처럼 매력적인 존재가 될 수 있다!

누구나 자신의 정체성 안에서 참 기쁨과 만족을 발견할 수 있다. 러셀 크리스토프처럼, 우리도 모르는 사이에 이미 엄청난 부자가 되어 있을 수도 있다. 다만 우리의 부는 자동차, 집, 휘황찬란한 보석 같은 세상의 재물이 아니라, 골로새서 말씀처럼 하늘나라 보물에서 찾을 수 있다. 그리스도는 우리를 구원하고 용서하시며, 우리가 이 땅에서 중요한 일을 하도록 우리를 택하셨다. 우리에게는 그리스도와 함께 누릴 '영원한 미래'라는 영광스러운 소망이 있다. 예수 그리스도가 우리를 위해 십자가에서 돌아가셨기 때문에, 우리는 무한히 영광스럽고 강력하고 거룩하신 하나님께 용납될 충분한 자격을 얻었다.

그리스도는 우리를 부요한 삶으로 초청하신다. 우리는 거지나 강도가 아니다. "그의 신기한 능력으로 생명과 경건에 속한 모든 것을 우리에게 주셨으니"(벧후 1:3)라는 말씀처럼 우리는 그리스도께 풍성히 받았다. 영적인 생명의 삶을 살아가는 데 필요한 모든 것을 이미 받았다. 우리는 승리함으로 그리스도의 사역에 동참할 수 있으며, 하나님을 전심으로 경배할 수 있다. 더는 죄의 노예로 살지 않아도 된다. 우리는 사람들을 돌보며 사회 정의와 인도주의를 성취할 수 있다. 또한 그리스도가 우리를 사랑하시듯 사람들을 사랑할 수 있다. 그리스도가 우리를 부르신 그 모습대로 살고 행동하라.

바로 이것이 교회의 참된 정체성이다. 우리는 매력적인 그리스도의 신부다. 그리스도가 우리를 사랑하고 힘을 주시기에, 우리는 강하고 능력이 있으며 자신감 넘치는 존재다.

단, 문제가 있다. 교회는 그 정체성을 자주 잊어버린다.

정체성의 오해

한 친구에게 대학 시절 경험담을 들은 적이 있다. 그는 기말고사 과제로 책을 읽은 뒤 보고서를 제출해야 했다. 성적의 50%를 차지하게 될 중요한 과제였다. 친구는 심혈을 기울여 작성한 보고서를 제출했다. 며칠 뒤 받아 본 채점 결과지의 표지를 보니 붉은색으로 이렇게 적혀 있었다.

내용 좋음. 참고목록 정리 좋음. 정리 잘했음.
그러나 내준 과제와 다르므로, 점수는 F

친구 이야기를 듣고 난 후, 나는 이틀 동안 웃음을 참을 수가 없었다. 몇 주 동안 이 친구를 생각할 때마다 웃음이 났다.

여기에는 단순히 웃어넘길 수 없는 문제가 하나 있다. 먼 훗날 하나님이 많은 교회를 향해 이렇게 말씀하지 않으실까?

교회 건물 좋음. 안내 위원 좋음. 음악도 좋음. 소그룹 조직도 잘했음. 그러나 내준 과제와 다르므로, 점수는 F

정체성을 망각한 교회는 주어진 과제와는 다른 결과물을 제출할 수밖에 없다. 그렇다면 어떤 상황이 벌어질까?

정체성을 망각한 교회는 엉뚱한 일로 바쁘다

교회가 바쁘게 움직일 때 제대로 돌아간다고 생각한다. 수많은 활동과 모임이 있고 찬양도 많이 한다. 사역자의 달력에는 일정이 빼곡하다. 그러나 그 모든 일을 했는데도 영적인 변화가 없다면 엉뚱한 일에 에너지를 소진한 것이다. 이는 힘들게 건물을 세운 뒤 널빤지로 지붕을 마무리하는 것과 다름없다. 땀을 뻘뻘 흘려가며 지붕을 마감했는데, 비가 내리자 지붕이 죽처럼 뭉개지는 꼴이다.

정체성을 망각한 교회는 자신을 스스로 목적 삼는다

교회는 "여기로 오십시오"보다는 "저기로 나갑시다"에 초점을 두어야 한다. 교회 건물 안으로 더 많은 사람을 끌어모으는 것이 교회의 유일한 사명인 것처럼 행동한다면 잘못된 일에 시간을 소진하는 것이다. 교회의 진정한 목적은 사회에 영향을 끼쳐서, 사람들이 그리스도께로 돌아와 그들의 삶이 변화되게 하는 것이다. 내가 아는 어느 교회는 교회의 본질을 기억하려는 취지 아래, 바깥으로 향하는 교회 출입문에 이런 표어를 걸었다. "당신이 향하는 곳이 바로 선교지입니다." 이것이 바로 교회의 정체성이다.

정체성을 망각한 교회는 대개 기독교 문화가 장악하고 있다

기독교 문화에 익숙한가? 기독교 문화로 덧입혀진 패션이나 음악, 연극, 영화, 서적, 집회 등은 안전하다는 생각에 우리는 자연스레 그 문화에 안주한다. 물론 그리스도인을 대상으로 하는 상품 자체에는 문제가 전혀 없다. 오히려 이러한 것들은 그리스도인들을 교육하고 훈련하는 역할을 충실히 해낸다. 그러나 하나님은 우리가 기독교 문화에만 머물러 있기를 바라지 않으신다. 오히려 흑암의 문화에 대항하는, 선하고 참되며 올바른 문화를 만들라고 하신다. 세상 안에서 살되, 세상에 속하지 않기를 바라신다. "어그러지고 거스르는 세대 가운데서 하나님의 흠 없는 자녀로 세상에서 그들 가운데 빛들로 나타내"(빌 2:15)기를 원하시는 것이다.

우주 속의 빛

다행히도 우리는 우리의 참된 정체성을 기억하고 그에 합당하게 행동할 수 있다. 교회는 성도들이 매주 훈련받고 교제하고 예배하며, 또 준비되기 위하여 모이는 장소 또는 건물을 지칭한다. 물론 이것은 올바른 정의이자 교회의 목적에 속한다. 히브리서 10장 23-25절에서 보듯, 교회는 사도들이 정기적으로 '모이는 장소'가 되어야 한다. 사람들이 선한 목적을 가지고 매주 모이는 장소가 되는 것은 지역 교회의 선한 기능이다.

그러나 그 기능에만 초점을 둔다면 중요한 사실을 잊고 있는 것이다. 교회가 정체성을 망각하여 엉뚱한 일에 바쁘고, 교회 자체가 목적이 되거나 기독교 문화에 초점을 두면 개척자 정신이 사라진다. 그리스도의 신부는 개척자 정신을 품어야 한다. 생소한 표현일지도 모르겠으나, 주님은 우리가 이 땅에 잠시 머무는 천국 시민이라고 하셨다. 우리는 일시적으로 여기 있을 뿐이다. 우리는 우리가 신부인 동시에 개척자임을 명심하고, 우리의 참 목적대로 살기 위해 끊임없이 노력하고 변화하며 적용해야 한다. 그리하여 그리스도를 위해, 이 죽어가는 세상으로 나가야 한다.

단, 주의할 것이 있다. 개척자가 정착민이 되면, 그 순간 수단이 목적으로 변하게 된다. 이는 종말의 시작이다. 교회는 오직 더 위대한 일을 하기 위한 수단으로서 존재해야 한다.

교회가 사회에서 해야 하는 역할을 이렇게 설명하고 싶다. 밤하늘을 보면 무엇이 보이는가? 달과 별을 제외하면 하늘은 캄캄하다. 눈에 보이는 우주는 온통 검은색이다. 그러나 천문학자들의 말에 따르면 우주 안에도 수많은 빛이 존재한다고 한다. 우주가 검게 보이는 까닭은 빛을 반사하는 '반사면'이 없어서다. 만일 행성 같은 고체가 있다면 빛이 보일 것이다.

교회는 그 반사 물질에 해당한다. 성경은 우리를 그리스도의 거울, 그리스도의 얼굴, 그리스도의 형상(마 5:14-16; 고후 3:18 참고)으로 부른다. 그리스도가 빛이라면, 우리는 어두운 세상에 그 빛을 반사하는 역할을 하는 것이다. 하나님이 우리를 그리스도인으로 초청하신 이유는, 우리가 어두운 세상에 그리스도의 빛을 비추게 하기 위함이다. 세상이 우리를 보지 않고 그리스도를 보게 하는 것이 목적이다. 그것이 바로 교회의 부르심이다.

이런 교회는 하늘 또한 가슴 설레여 한다.

행동 지침 ❷ 교회의 정체성을 기억하여 그 정체성대로 행동하라

특징 03

목숨과 마음을
올인하는 교회

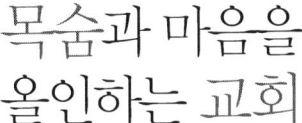

2008년 베이징 올림픽 개막식에서 린 미아오케(9세)라는 예쁜 소녀가 "조국에 부치는 송가"를 불러 세계인들의 박수갈채를 받은 적이 있다. 그런데 실제로 노래를 부른 아이는 따로 있었다. 미아오케는 무대 위에서 연기를 했을 뿐이다.

실제로 노래를 녹음한 양 페이위(7세)는 외모 때문에 무대에 오르지 못했다. 페이위의 평범한 외모를 본 중국 관리들은 '무대에 오르려면 완벽한 외모가 요구된다'며 미아오케를 무대에 세웠다.

올림픽 조직 위원회 선 웨이드 대변인은 "양 페이위 양의 목소리가 출중한 것은 사실이지만, 훌륭한 아역 배우인 린 미아

오케 양이 무대에 대신 오르고, 페이위 양의 목소리를 사용하는 방향으로 결정했다"라고 밝혔다.[1]

그럴듯한 설명이긴 하다. 그러나 훌륭한 아역 배우라는 말은 이미지를 중시하는 현대 문화를 드러낸다. 그들을 비난할 생각은 없다. 다만, 이미지가 전부라는 할리우드식 사고가 세상에 만연해 있는 것 같다. 그렇기에 사람들은 보기에만 좋으면 괜찮다고 생각한다.

과연 정말 그런가?

아니다!

마음은 어디에?

하나님이 마음껏 축복하시는 매력적인 교회의 세 번째 특징은 '온 마음과 정성을 다하는 교회'다. 이러한 교회는 이미지를 중시하는 태도와 정반대로 행동하며, 하나님이 이끄시는 길로 걷겠다는 열망이 가득하다.

물론 교회의 능력이 중요하지 않다는 말은 아니다. 마음과 능력은 서로 무관하지 않다. 양자택일의 문제가 아니라 둘 다 중요하다. 사람들은 대개 엉성함을 변명하려는 경향이 있는데, 마음을 중시하면 그에 합당한 능력이 따라온다. 세상을 가슴 뛰게 하는 교회에서도 못생긴 이빨이 보이고, 찬양하는 목소리가 제각각일 수 있다. 그러나 그런 교회의 성도는 단지 그런 이유 때문에 교회를 떠나지는 않는다. 단, 보기 좋았던 이미지가 사실은 립싱크였다는 사실이 밝혀지면 떠나게 될 것이다.

내 경험을 소개하겠다. 뉴 호프 오아후 교회의 초기에 우리의 마음은 열정으로 가득했다. 우리는 이미지까지 고려할 여유가 없었다. 임시로 대여한 공간에서 제대로 된 의자도 갖추지 못한 채 식당 테이블에 둘러앉아 예배를 드렸다. 교회 악기가 따로 없었기 때문에, 연주자들이 각자 자신의 악기를 가져와서 연주했다. 열여섯 명의 안내 위원들은 교회 입구 양쪽으로 둘씩 나뉘어 서서 사람들을 맞이했다. 교회에 들어오는 사람들 모두 우리 안내 위원들의 포옹을 거쳐야 했는데, 그들은 한 사람도 절대로 그냥 보내지 않았다. 그랬더니 우리 교회에는 '허그 처치'(포옹하는 교회)라는 별명까지 생겼다. 우리는 전심으로 찬양했고, 마음을 다해 섬겼다.

정성 들여 예배를 준비하고 정리하는 가운데 교회는 계속해서 성장했다. 초기에는 이렇게 기도한 적도 있다. "하나님, 우리 소유의 의자와 음향, 사무실과 직원을 허락해 주십시오." 나야 거피숍에서 업무를 처리해도 전혀 문제가 없었지만, 소그룹 모임을 진행하기에는 공간이 좁았다. 커피숍 직원은 우리에게 더 넓은 장소를 알아보거나 모임 규모를 줄이거나 아예 커피숍을 사는 건 어떻겠냐고 제안했다. 몇 개월이 지난 후, 사무 공간을 대여할 정도의 재정이 마련되었다. 우리는 의자와 악기를 구매

하고 음향 시설과 차량도 샀다. 우리는 마침내 목표를 달성했다고 생각했다.

그런데 하루는 어느 자매의 말을 통해 중요한 사실을 깨달았다. "우리 교회에는 재능 있는 연주자도 많고 예배도 훌륭하지만, 저는 아무것도 없었던 옛날이 생각납니다. 분명히 지금도 있는 것 같기는 한데 잘 보이지는 않아요. 우리의 마음은 대체 어디 있죠?"

그 자매 말이 맞았다. 우리 교회는 정체 상태였다. 새로운 프로그램과 계획을 세우고 여러 활동을 추진했지만, 솔직히 돌아보면 매주 정해진 계획을 완수하고 유지하는 데 중점을 두었다. 여전히 교회의 마음과 중심에 초점을 맞추긴 했지만, 예전처럼 강조하지는 않았던 것이다.

그날 밤 나는 하나님의 인도를 구했다. 소리로 들리는 음성은 아니었지만, 내 안에 하나님의 말씀이 분명한 음성으로 느껴졌다. "마음을 회복해라. 종의 마음이 드러날 때까지 모든 불필요한 것을 제거해라. 생각으로 한 일은 생각을 움직이지만, 전심으로 한 일은 마음을 움직인다."

하나님은 우리의 마음이 중요함을 일깨워 주셨다. 우리는 말씀에 순종했다. 교회가 영적으로 성장하려면 마음을 다해야 한다는 원칙은 시간이 흘러도 변하지 않는다.

우리는 마음보다 이미지를 중시하는 계획이나 프로그램을 모두 중단했다. 성품보다 재능에 초점을 둔 프로그램도 중지했다. 어떠한 관습도 그냥 두지 않았다.

　주님께 가까이 가려면 개인과 공동체 모두 노력해야 한다. 모든 이의 마음이 하나님께 가까이 갈 때 교회도 하나님께 가까이 갈 수 있다.

　우리는 진실한 마음이 보일 때까지 모든 것을 수정했다. 일부 교회는 프로그램이라는 단어 자체를 금기시한다. 물론 사역의 형태로 시행되는 프로그램들이 나쁘다는 말은 결코 아니다. 분명 필요하고 유용한 도구다. 다만 프로그램 자체를 사역과 동일시해서는 안 된다. 프로그램이 있다고 해서 사람들의 삶이 그리스도를 향한 삶으로 변하는 것은 아니다.

　프로그램이 마음보다 앞서면 위험하다. 처음 프로그램을 시작할 때는 열정이 넘친다. 위험을 감수하면서 힘을 다해 계획을 세운다. 그러나 막상 프로그램이 시행된 후에는 여러 가지 유혹이 파고든다. 프로그램이 언제까지나 같은 결과를 가져다줄 것이라는 착각에 빠지는 것이다. 그럴수록 우리의 마음은 점차 프로그램을 의존하게 된다. 그리고 더 이상은 진행되는 프로그램에 마음을 쏟지 않게 된다.

　소모임을 구성하여 운영한다고 해서 참된 공동체가 교회 안에 있다고 말할 수는 없다. 주일마다 결신자를 초청한다고 해서 진정한 복음전도를 한다고 말하기도 어렵다. 교회에 남성 사역자가 있다고 해서 교회가 훌륭한 남편, 아버지, 형제, 친구, 지도자를 양육한다고 단정 지을 수도 없다.

나는 교회에서 시행하는 프로그램을 정기적으로 점검하고 평가하는 일을 찬성한다.

솔직하게 중심을 짚어 보면서, 지금 그 일을 하는 목적을 점검하라. 본래의 목적을 상실하여 더는 아무런 효과를 발휘하지 못하는 프로그램이 있다면 과감히 중단하라. 교회에서 하는 일이 적어질까 봐 가짓수를 줄이는 일을 두려워하지 마라.

바로 그때, 효과적인 리더십 원리를 적용해야 한다. 교회 운영은 큰 배를 조종하는 일과 비슷하다. 큰 배를 조종할 때는 갑작스럽게 방향을 바꾸지 않는다. 마찬가지로 불만족스러운 프로그램을 중단할 때도 구조나 인원, 장소, 핵심 등을 조금씩 변경하면서 인내심을 갖고 천천히 진행하는 것이 현명하다.

언제나 핵심을 기억하고 그 마음을 유지하라.

목숨 걸고 사는 삶

세상을 가슴 뛰게 하는 교회는 상당 부분 우리 자신에게서 시작된다. 우리가 바로 교회다. 우리를 부요케 하는 일은 그리스도의 몸을 부요케 한다. 내가 그리스도와 친밀하면 그 친밀함이 겉으로 드러난다. 내가 교회 안에서 섬기는 자리를 사랑하면, 그 자리가 크든 작든 빛을 발한다. 억지로 하지 않고 자원하는 마음으로 섬길 때(벧전 5:2), 진공상태처럼 텅 빈 섬김이 아니라 넘쳐흐르는 섬김을 할 수 있다. 억지로 하는 섬김은 부자연스럽지만, 자원하는 섬김은 자연스럽다. 교회를 개선하려고 노력하기보다는, 각 사람이 자신을 개선하려고 노력한다면 교회는 그 혜택을 자연스럽게 누리게 된다.

교회에서 리더가 아니더라도, 교회가 본래 품었던 마음을 되찾기 위해 자신이 해야 할 일이 있을지 고민하는 사람이 있을 것이다. 그러나 그런 사람은 교회 사역을 직접 계획하고 실행하는 데 어려움이 있을 수 있다. 그렇다면 먼저 자신의 삶에서 마음을 다해 살도록 노력하라. 그리스도를 따르며 자신의 열정과 부르심에 충실히 살라. 자신에게 허락된 영향력의 범위 안에서 전심을 다하라.

과연 효과가 있을까? 물론이다. 우리는 무언가를 열심히 해야 하면 옆문으로 살짝 빠져 나가서 자리를 피한다. 나 역시 종종 동일한 유혹을 받는다. 만약 우리가 목숨을 걸고 마음을 다한다면 어떻게 될까? '목숨을 건다'는 말은 어떤 의미일까? 이 말은 전력을 다해서 중요한 일에 우리 자신을 던진다는 뜻이다.

대학에 있다 보면 학생들에게 종종 이런 질문을 받는다. "이 수업에서 좋은 성적을 받기가 어려울 것 같은데 어떻게 하면 좋을까요?"

그럴 때면 나는 우선순위의 문제라는 판단 아래 학생에게 이렇게 반문한다. "A 학점을 받느냐 못 받느냐에 자네 목숨이 달렸다면 어떻게 할 건가? 그러니까 지금 학생이 죽을 병에 걸려 20억 달러나 드는 수술을 받아야 하는데, 들어 둔 보험도 없고 돈도 없어 죽을 고비에 처했다고 생각해 보게. 그래서 자네가 나에게 도움을 청하러 왔는데, 내가 '이 수업에서 A 학점을 받으면 수술비를 모두 대 주겠다'고 말한다면 자네는 A 학점을 받겠는가?"

그러면 학생은 대개 "물론입니다!"라고 대답한다.

왜 이런 변화가 생겼을까? A 학점에 그의 목숨이 달렸기 때문이다.

우리 모두 이런 태도로 산다면 어떻겠는가? 공부나 직업, 관계, 교회에 어떤 영향을 줄까? 우리가 마음을 쏟는다면 세상이 달라질 수 있다. 그러나 우리는 그렇게 살지 않는다. 프로그램이 우리의 일을 대신해 줄 거로 생각하며 쉬운 길을 택한다. 이는 교회에서 종종 볼 수 있는 태도다. 우리는 잘 가는 자동차에 가속페달을 밟는 수고를 하지 않는다. 삶이 변하기를 바라면서도 그저 가만히 앉아, 새로운 설교자나 더욱 역동적인 찬양 팀, 더 좋은 향기가 나는 커피, 여기저기서 들려오는 기적의 소식만 기다린다.

그리스도를 위해 수고하고 기진맥진하는 것이 목숨 걸고 사는 삶인 것은 아니다. 나는 심장 수술을 받고 나서야 그 교훈을 얻었다. 이른 아침부터 한밤중까지 쉬지 않고 몸을 혹사하다가 몸에 고장이 난 후에야 결국 속도를 늦추었다. 지금도 열심히 일을 하지만, 일부러 틈틈이 휴식 시간을 가진다. 잠시 속도를 줄이고 감사하는 시간을 보낸다. 이런 휴식 시간 덕분에 내 삶은 더욱 깊어졌다. 이제는 주님이 원하시는 일이라는 확신이 들 때만 책임을 맡는다.

목숨 걸고 사는 삶은 지속 가능한 탁월함으로 사는 삶이다. 이러한 삶을 택한 사람은 마음을 다해 섬기고 전심으로 예배한다. 또한 매일 성경을 읽고 기도하고 교제하며, 서로 도와 자신의 신앙을 성장시킨다. 마음을 다해 살아갈 때 우리 자신은 세상을 가슴 뛰게 하는 교회가 된다.

마음을 다해 사는 일은 우연히 일어나지 않는다. 의식적인 노력이 있어야 가능하다. 일반적으로 사람은 이기적으로 행동하며, 편안한 것만을 찾는 경향이 있다. 매일 의식적으로 노력해야만 그 악순환을 끊을 수 있다.

우리는 충분히 벗어날 수 있다. 마음을 다해 사는 주위의 사람들을 보면, 그들에게는 세 가지 특징이 있다. 우리 안에 있는 의지와 우리 안에서 역사하시는 성령의 권능으로 우리는 마음을 다해 살 수 있다.

마음을 다해 사는 삶의 세 가지 특징을 보자.

하나. 용서가 빠르다

마음을 다해 사는 사람들은 타인의 결점과 약점을 눈감아 준다. 상대방이 직접 용서를 구하지 않더라도 자신에게 잘못을 저지른 사람들을 심정적으로, 감정적으로 용서한다.[2] 그들은 원한을 품지 않았기에 자유를 누릴 수 있다. 무거운 짐을 지지 않았기 때문인지 발걸음이 가볍고 영적인 생명력도 느껴진다. 그들은 필요할 때마다 주기도문으로 "우리가 우리에게 죄 지은 자를 용서한 것처럼 우리를 용서하소서"라고 재빨리 기도한다.

둘. 거룩한 비판을 기꺼이 수용한다

마음을 다해 사는 사람들은 하나님이나 자녀, 상사, 부모님, 친인척, 비평가 등 출처가 누구이든 건설적인 비판과 개선을 환영한다. 크고 작은 수정, 그로 인한 개선이 끊임없이 반복된다.

오래전에 골프를 배울 때, 강사는 내 스윙의 문제점을 열 번 넘게 지적했다. 근육이 기억하는 뿌리 깊은 문제라서 열 번이나 지적을 받고 나서야 고칠 수 있었다. 성령 또한 뿌리 깊은 습관에서 우리를 해방시키고자 우리의 습관을 지적하신다.

고속도로에서 운전할 때 직선도로라고 해서 운전대를 라디오 손잡이에 끈으로 묶고 잠을 잘 수는 없다. 차선을 유지하려면, 계속해서 핸들을 조금씩 움직여야 한다. 마찬가지로 마음을 다해 사는 사람들은 비판을 겸손히 수용하고 교정한다.

셋. 순복의 삶을 산다

마음을 다해 사는 사람들은 하나님의 계획에 자신의 계획을 기꺼이 내어 드린다. 하나님이 우리 마음의 소원을 이루어 주신다는 약속(시 37:4 참고)을 믿기에 소원 자체를 포기하지 않는 한편, "사람이 마음으로 자기의 길을 계획할지라도 그의 걸음을 인도하시는 이는 여호와시니라"(잠 16:9)는 말씀을 명심한다.

나는 존경하는 테레사 수녀에게서 순종의 마음이 무엇인지를 배웠다. 테레사 수녀는 1997년에 세상을 떠나기 전까지 '사랑의 선교회'를 이끌며 45년 동안 사역했다. 수녀는 에이즈 감염자, 한센병 환자, 결핵 환자 등을 보살폈고, 노벨 평화상을 받았다. 무료 식당, 아동 및 가정 상담 프로그램, 보육원, 학교 등을 운영하면서 하나님의 계획에 철저히 순복했던 수녀는 "우리는 위대한 일을 할 수 없다. 다만 위대한 사랑으로 작은 일들을 할 수 있을 뿐이다"라며 자신의 신념을 실천했다.

하나님께 순복함

세상을 가슴 뛰게 하는 교회라는 말은 하나님의 임재가 가득한 교회라는 말이다. 교회인 우리의 초청을 천국이 도저히 거부하지 못하는 상황인 것이다. 우리는 그런 교회를 원한다. 그런 교회가 되는 데 필요한 열쇠는 우리의 계획들을 하나님께 내어 드리는 것이다. 그러자면 하나님의 개입을 신뢰하는 마음이 필요하다.

몇 해 전에 아는 분이 무릎 수술을 받게 되었다. 수술 날짜를 미리 예약하여 병원으로 향했으나, 수술 당일 그분은 그냥 집으로 돌아왔다. 왜 그랬을까? 수술 예정일 며칠 전에 감기에 걸렸기 때문이다. 의사는 수술이 잘 되려면 건강해야 한다고 했다. 나로서는 이해가 되지 않았다. 수술 부위는 무릎이지 코가 아니지 않은가! 그러나 혜안을 갖고 있던 의사는 무릎 수술 후 이루어지는 치료에 필요한 면역력을 감기가 빼앗을 수 있다고 판단했다. 수술 후 기력을 되찾으려면, 치료에 합당한 기반이 마련되어야 하기 때문이다.

우리는 하나님이 기적을 행하시려면 선결 조건이 있을 것으로 생각한다. 예를 들면 벅차오르는 예배, 영적 은사나 카리스마가 넘치는 설교자가 필요하다고 생각한다. 그러나 세상을 가슴 뛰게 하는 교회는 정반대다.

몇 년 전에 뉴 호프 오아후 교회에서 특별 행사가 열렸다. 저녁 공연에는 교인들이 무대에 올라 재능을 선보였다. 춤을 추고 독주를 펼치고 감동적인 연기를 선보였으며, 아름다운 안무로 무대를 장식했다. 나는 뛰어난 재능을 가진 사람들이 참 많다는 사실에 뿌듯해하며 넋을 잃고 공연을 보았다.

공연이 막바지에 이를 즈음, 조명이 어두워지더니 특별한 아이가 무대에 등장했다. 다운증후군이 있는 니키와 그 가족이었다. 그들은 우리 교회가 학교 식당에서 처음 모였던 시절부터 우리 교회에 출석했었다. 무대에 선 니키는 자신감과 확신이 넘쳐 보였지만, 나는 걱정부터 되었다.

앞일이 걱정이었다. 부끄럽게도, 니키를 염려하는 마음보다는 우리 교회의 명예를 걱정하는 마음이 컸다. 외부인들이 우리를 어떻게 판단할지, 뭐라고 할지 두려웠다. 사람의 가장 큰 두려움은 타인들의 눈에 실패자로 보이는 것이다. 하나님은 바로 그 두려움을 드러내셨다. 내 중심을 보고 계셨던 것이다.

잠시 어색한 순간이 지나고, 달린 첵이 부른 "주를 높이기 원합니다"(Lord, I Give You My Heart)라는 찬양이 흘러나왔다. 니키는 수화로 찬양하기 시작했다. 니키의 손동작과 태도에서 확신이 넘쳐흘렀다. 찬양을 듣는 동안 나는 생명을 주신 하나님을 새삼 깨달을 수 있었다. 이 진리를 묵상하면서 내 마음도 안정을 되찾았다. 성령이 일하시도록 나를 내려놓자, 내 영혼 깊은 곳이 재정비되는 듯했다.

주님은 교회가 전문성을 추구하느냐 순수함을 추구하느냐가 경건에 이르는 중요한 척도라고 생각했던 것이 잘못임을 알려 주셨다. 오직 성령께 모든 자리를 내어 드리는 것이 중요하다. 교회에서 일어나는 모든 일에 대한 거부권은 오직 하나님께만 있다.

니키의 수화 찬양을 통해 하나님은 바로 그 일을 하셨다. 하나님이 나를 불러서 이렇게 말씀하시는 듯했다. "웨인, 어떻게 하겠느냐?" 나는 나 자신을 낮추고 마음을 살필 것인가, 굳은 마음으로 계속 교만하게 있을 것인가를 선택해야 했다.

찬양이 끝났다. 니키는 오직 하나님께만 경배하겠다는 듯이 두 팔을 하늘 높이 들었다. 그 순간을 하늘마저도 숨죽이며 지켜보는 듯했다. 그곳에 모인 모든 사람이 벅차오르는 감동과 눈물로 기립 박수를 보내며 "앙코르!"를 외쳤다. 하나님의 보좌 앞에 섰을 때, 그분이 가장 기뻐하시는 것이 무엇인지 새삼 깨닫는 순간이었다.

행동 지침 ❸ | **마음을 다하라**

특징 04

감사가
일상생활인 교회

하나님이 때로 우리의 회복을 위해 우리에게 가만히 있으라고 하실 때가 있다. 하나님은 바삐 걷는 우리의 속도를 조절하시려고 우리에게서 조급함을 제거하신다.

몇 년 전, 나는 하나님께 뜻밖의 초청을 받았다. 몇 달 동안 가슴에 통증이 있어서 검사를 받아 보니, 심혈관이 세 군데나 막혔다는 진단이 나왔다. 나는 곧장 비행기를 타고 캘리포니아 주 스탠퍼드 의료센터로 갔다. 나흘 뒤, 수술은 성공적으로 끝났으나 혈구 수치는 여전히 낮고 쉽게 피로했다. 그래서 바로 사역에 복귀하지 않고 오리건 주의 가족농장으로 갔다. 오리건에는 두 딸과 사위, 두 손자가 닭 세 마리, 개 세 마리, 고양이 네 마리, 소 한 마리와 행복하게 살고 있었다. 하나님 덕분에 나는 그곳에서 새로운 형태의 성공을 경험했다. 하나님은 내 삶의 속도를 늦추고, 이미 받은 것에 감사하는 삶으로 초청하셨다.

어느 이른 아침, 개인 묵상을 하려고 가까운 커피숍으로 차를 몰았다. 차창으로 시골의 가을 풍경이 펼쳐졌다. 다른 때 같으면 급히 가느라 하나님이 창조하신 피조물의 아름다움을 놓쳤겠지만, 그날은 하나님의 초청에 응하여 한 박자 속도를 늦추었다. 풀밭 위로 옅은 안개가 솜털처럼 피어올랐고, 주변의 언덕에는 실안개가 사라져 가는 기차 연기처럼 걸쳐져 있었다. 안개 너머로는 푸른 삼나무들이 커튼처럼 드리워져 있었다. 문득 "산악이 함께 즐겁게 노래할지어다"(시 98:8)라는 말씀이 떠올랐다. 하나님의 광채로 가득한 거룩한 뮤지컬이 눈앞에 펼쳐진 듯했다. 모든 피조물이 그분의 영광을 소리 높여 찬양하고 있었다. 그 순간 감사가 넘치며, 나 또한 새로워졌다. 지속성에 대한 소중한 교훈도 배웠다. 나에게 무엇보다 필요한 일이었다.

하나님이 빚으신 세계를 감상하고 감사하려면, 의식적으로 속도를 늦추는 시간이 정기적으로 필요하다. 전에 들었던 어느 랍비의 가르침이 생각난다. "우리가 누리도록 하나님이 창조하신 것들을 거부하며 누리지 않았던 행동을 책망받을 날이 올 것이다."[1] 바쁘게 사느라고 나는 참 오랫동안 피조물을 충분히 즐기지 못했다. 잠시 길에 멈춰 서서 하나님이 만드신 아름다운 경치를 감상해 본 적도 드물었다. 그저 늘 바빠 움직였다.

거부할 수 없는 삶을 살려면 모든 조급함을 가차 없이 제거해야 한다. 진정한 삶은 이 '짧은 여유 시간'에 만들어진다. 작가인 노아 벤쉬는 "음표 사이의 여백이 음악을 만든다"라는 말을 남겼다.

하나님이 주권적으로 당신의 속도를 늦추셨던 경험이 있는가? 예상 밖의 느림이 처음에는 신경 쓰이고 불편하지만, 자세히 보면 선하고 완벽한 손으로 일하시는 하나님이 보인다. 하나님이 우리를 늦추시는 데는 분명히 이유가 있다. 하나님은 우리가 그분의 주권을 확인하도록 잠잠히 주위를 보게 하신다. 가만히 있을 때 우리는 더욱 감사할 수 있다. 감사는 우리의 눈에서 거짓을 제거하며, 선하고 정결하고 참되고 옳으며 칭찬받을 만한 것에 집중하게 한다(빌 4:8 참고). 하나님이 하시는 일에 저항하지 않고 순종하면, 속도를 늦추는 일이 우리를 위한 하나님의 최선임을 깨닫게 된다. 당시에는 그렇게 보이지 않아도 말이다.

당신의 삶과 교회는 잠잠히 머무는 법을 알고 있는가?

기도가 응답되지 않을 때

하나님이 축복하시는 매력적인 교회의 네 번째 특징은 '감사하는 교회'다. 하나님은 우리가 매사에 감사하는지 지켜보신다. 잠시 멈추고 무지개를 볼 때, 석양을 감상하기 위해 바쁜 걸음을 멈출 때, 감사의 영이 솟아난다. 조금만 시간을 내면, 전에 느끼지 못했던 감사가 우리 안에서 샘솟는다. 자격 없는 우리에게 주어진 것들이 주변에 얼마나 많은지를 새삼 깨닫게 된다.

하나님의 솜씨는 아름다운 시골 풍경에서 끝나지 않는다. 잠시 걸음을 멈추고 둘러보기만 하면 도처에, 심지어 교회 안에서도 그분의 솜씨가 보인다. 분주함을 버리고 하나님의 음성에 귀 기울일 때 감사를 찾을 수 있다. 불완전한 상황에서도 감사하는 것이야말로 하나님을 신뢰한다는 증거다.

두 가지 감사가 있다. 우선, 받은 은혜에 대한 반응으로 나오는 감사(thankfulness)다. 이는 내가 원하는 방향대로 되었을 때(예를 들면, 선물을 받거나 승진이 되었을 때), 나오는 반응이다. 즉, 받은 축복에 대한 탄성이다. 또 하나의 감사(gratefulness)는 의식적으로 개발할 수 있는 것으로, 영혼에서 시작된다. 내 뜻대로 상황이 흘러가든, 그렇지 않든 감사하는 태도와 품성을 유지하는 것이다. 선물을 받기 전에, 아니 선물을 받지 못해도 자족하는 태도를 보이는 것이다. 상황과 무관하게 나지막이 감사를 읊조리며, 축복이 보장되지 않아도 할렐루야를 외친다. 하나님이 주시는 것이면 무엇이든 받겠다는 확신의 태도를 보이는 것이다.

아내와 나는 1995년에 하와이 주 힐로에서 오아후로 이주하여 뉴 호프 오아후 교회를 시작했다. 12년 동안 뉴 호프 힐로 교회를 담임목회하고 아홉 곳을 개척한 우리를 하나님은 오아후로 인도하셨다.

새로운 교회를 시작하는 과정은 흥미로웠다. 교회가 자리를 잡아갈 때쯤 우리는 성전 건축이 하나님의 뜻인지를 놓고 기도하기 시작했다. 그동안 우리는 인근 고등학교 강당을 임대하여 사용해 왔다. 매주 예배를 준비하기 위해 많은 사람이 동원되었다. 우리는 교회 소유의 공간이 있으면 주님의 일을 더욱 잘할 수 있을 거로 생각했다. 그런데 몇 달이 가고 몇 해가 지나도 주님의 응답은 "아니다"였다.

우선 토지를 구입할 방법이 묘연했다. 하와이에서는 1에이커(약 4천㎡)가 250만 달러에 거래되었는데, 우리 교회는 최소 20에이커가 필요했으므로 대충 계산해도 5천만 달러는 필요했다. 그러나 재정이 있다고 해도 호놀룰루 인근에서 20에이커 규모의 부지를 찾기란 거의 불가능한 일이었다. 우리는 하나님의 기적을 신뢰했다. 언덕에서 풀을 먹는 가축들도 모두 하나님의 것이며, 언덕 자체도 하나님의 것이므로 교회를 세우는 일 정도는 하나님께 문제가 되지 않는다고 생각했다. 계속 기도했으나 상황은 늘 같았다. 기다리는 동안 우리는 조급해하고 불평을 하며, 대체 무엇이 문제인지를 생각했다.

우리는 염려할지, 아니면 감사할지를 선택해야 했다. 다행히 우리는 후자였다. 우리에게 없는 것을 불평하기보다는 이미 가진 것에 감사했다.

15년이 지난 지금도 우리에게는 교회 건물이 없다. 어쩌면 앞으로도 계속 건물이 없을 듯하다. 그러나 모든 일이 우리를 위한 최선이라고 믿는다. 여러 지역에서 예배를 드리는 우리는 그리스도를 향한 마음, 서로를 향한 사랑, 동영상 예배로 긴밀하게 연결된 한 가족이다.

우리는 당연히 교회 건물이 있어야 한다고 생각했지만, 모든 일이 주님의 통제 아래 있기에 감사하기로 선택했다. 교회 건물이 없어도 우리 교회의 네트워크는 견고하다. 교회 건축에 필요한 재정은 자연스럽게 하나님 나라를 세우는 일에 사용되었다. 담임목사인 나에게도 이 모든 상황이 유익했다.

나는 앞에 나서기보다 코치의 역할을 맡았는데, 이것이 나와 교회 모두를 위해 건강한 방법이었다. 현재는 지교회마다 담당목사가 있으며 내가 그 담당목사들을 감독한다. 그들을 격려하며 손뼉 쳐 주고, 환호하며 동기를 부여한다. 담당목사들은 훌륭히 직무를 수행하고 있다. 하나님의 허락으로 나는 '유진성경대학'의 총장으로서 차세대 지도자들도 양성한다. 오직 하나님만이 이 모든 일을 알고 계셨다. 나는 그 과정에서 최대한 효과적으로 내 역할을 감당하고자 했다.

때때로 하나님은 카드를 몸속에 지닌 채 보여 주지 않으실 때가 있다. 하나님은 우리의 심리 상태와 특성을 잘 아신다. 기도 응답을 늦추거나 우리 생각과 다르게 응답하시거나 우리를 불완전한 상태에 두셔서, 우리가 하나님을 더욱 의지하게 하신다. 이 기다림의 시간에 우리는 매일 더 감사하며 이미 가진 것에 감사하게 된다. 앞날을 알 수 없지만, 앞일이 하나님 손에 있음을 알기에 급히 서두르지 않는다. 하나님께 통제권을 드리는 편이 훨씬 낫다. 기다림의 시기에 우리는 모든 카드를 쥐고 계신 하나님께 더 가까이 나아간다. 하나님은 이것을 원하신다. 그런데 그분은 우리가 카드만 보고 달려가는 게 아니라 그분 가까이에 머무르기를 원하신다.

이것이야말로 교회가 배워야 할, 가장 중대하면서도 어려운 교훈 중 하나다. 기도하고 또 기도했는데도 교회 안에 무언가가 여전히 부족해 보이는가? 하나님이 아니라고 응답하시더라도 계속 그분을 신뢰하라. 하나님의 응답이 최선임을 기억하면서 그분을 신뢰하라. 아무런 결과가 보이지 않아도 하나님이 당신의 교회를 선한 길로 인도하실 것임에 감사하라. 하나님은 결과를 알고 계시며, 언제나 선하시다.

우리의 선택

감사는 우리의 결정에 달렸다. 즉, 감사에 대한 선택권이 우리에게 있다. 다음 말씀을 보자.

> 눈은 몸의 등불이니 그러므로 네 눈이 성하면 온몸이 밝을 것이요 눈이 나쁘면 온몸이 어두울 것이니 그러므로 네게 있는 빛이 어두우면 그 어둠이 얼마나 더하겠느냐 마 6:22-23

예수님은 우리가 삶을 바라보는 방법에 대해 말씀하신다. 세상을 어두운 색으로 칠하는 사람이 있는가 하면, 밝은 색으로 칠하는 사람이 있다. 회색 계열로만 칠하는 사람이 있는가 하면, 다양한 형광색으로 칠하는 사람도 있다. 여러 가지 상황과 어려움을 무슨 색으로 칠하느냐는 우리의 선택에 달렸다.

당신이라면 어떤 색으로 칠하겠는가?

감사는 다채로운 색으로 구성되며, 단순함 속에서 아름다움을 찾으려면 시간이 필요하다. 교회는 가족이므로 가족 구성원 각자가 소중한 가치를 제공한다. 감사하기로 선택할 때 우리는 장로님의 얼굴 주름에서 지혜를 배우며, 입술에 피어싱을 하고 몸에 문신을 한 이십대 청년에게서 가능성을 본다. 붓질 하나하나 최선을 다해야 걸작이 완성되는 법이다.

감사에 유용한 특별한 붓은 바로 솔직한 평가다. 보통 우리는 자신의 호불호에 따라 평가를 내린다. 교회에 대해서도 영화나 연극을 볼 때처럼 평가한다. 예배당을 나가면서 예배가 좋았는지 나빴는지 점수를 매긴다.

그러나 진정한 평가는 방법부터 다르다. 바로 목적에 따른 평가다. 무언가의 성공 여부를 판단할 때, 우리 마음에 들었는지가 아니라 그 일이 본래 의도한 바를 달성했는지를 기준으로 점검해 봐야 한다. 즉, 계획과 의도가 중요하다. 본래의 계획과 소명이 성취되었는가에 따라 성공 여부가 결정된다.

나는 담임목사로서 학생들 모임에 이따금 고개를 내밀어서 그들이 잘하고 있는지 볼 때가 있다. 이때 개인의 취향과 목적 중 어떤 기준을 적용해야 할까? 내 나이 정도 되면 청년들이 연주하는 음악도 별로고, 아이들 농담에 끼어들고 싶은 생각도 없다. 그러나 목적을 기준으로 학생 사역을 평가하면, 학생들의 음악과 농담은 십대라는 대상에 충실한 것이다. 이렇게 생각하면 프로그램이나 사역을 제대로 평가할 수 있다. '취향'이 아니라 '목적'에 바탕을 둔 평가다.

이런 평가 방식을 알고 실천하면 교회를 일용품(참석하여 서비스를 받는 곳)이 아닌, 공동체(그리스도를 닮기 위해 함께 가는 사람들을 대상으로 세워진, 지역의 영적 공동체)로 보게 된다. 참된 평가는 우리가 더욱 감사하는 마음을 갖는 데 중요한 도구가 된다. 우리는 교회가 마음에 드는가 그렇지 않은가의 여부와는 무관하게 교회의 목적과 신실함에 초점을 둘 수 있다.

가능성을 보는 눈

교회에 감사가 없다면 어떻게 해야 할까? 감사를 배우려면, 그저 감사를 표현하면 된다. 행동하면 마음이 따라온다. 일을 제대로 하는 사람에게는 잘하고 있다고 말해 주라. 그러면 풍성한 열매를 얻을 수 있다.

감사를 표현할 때는 정확히 해야 한다. 아무 일도 하지 않은 사람에게 거짓으로 칭찬하지 마라. 교회 안에서는 완벽함에 대한 기대를 낮출 필요가 있다. 교회에는 다양한 사람들이 있다. 재능, 은사, 관심, 생각이 서로 다르다. 따라서 감사를 행동으로 옮길 때는 다양성을 감안해야 한다. 의식적으로 감사하려는 노력을 하면, 주일에 설교자가 자리를 비워도 이해할 수 있다. 내 말을 오해하는 친구에게도 그럴 수 있다는 생각을 하게 된다. 나 역시 친구를 오해할 수 있기 때문이다. 예배 때 부르는 찬양이 마음에 들지 않아도 괜찮다. 감사는 우리가 모두 은혜로 구원 받은 죄인이며, 오직 하나님만이 완벽하다는 사실을 깨닫게 해준다. 감사를 의식적으로 실천하면 인간관계와 의사소통에 아름다운 여유가 생긴다.

감사는 당위성보다 가능성에 귀를 기울이며 우리를 소망으로 인도한다. 또한 감사는 우리를 온전한 영광의 하나님께 집중하게 해준다. 감사는 기뻐 춤추는 나날을 누리는 관문이며, 우리가 감히 상상할 수도 없는 은사들, 자격 없는 우리에게 주어진 친구들, 값없이 받은 은혜들을 기억하게 한다.

감사는 놓치기가 쉽다. 나도 모르는 사이에 욕망이 자리를 차지하기 때문이다. 권리를 주장하고, 내가 지금보다 나은 대우를 받아야 한다는 생각에 빠질 수도 있다. 그러므로 감사를 소중히 여기고 잘 유지해야 한다. 조명을 받을 때나 어둠 속에 있을 때나 늘 감사하라. 감사는 어디서든 빛을 발한다.

우리 부부는 서로에게 하는 감사를 놓치지 않으려고 노력한다. 72m²(22평)되는 집을 처음 구입했을 때가 생각난다. 대단한 집은 아니었지만, 긴 하루를 보내고 집에 돌아오면 나는 이렇게 말하곤 했다. "역시 우리 집이 최고야!" 물론 〈배터 홈스 앤 가든〉(Better Homes and Gardens) 같은 인테리어 잡지에서 관심을 보일 정도까지는 아니었지만, 그래도 우리는 감사했다. 집의 상태보다는 우리의 마음 상태가 더 중요하니까 말이다.

주말마다 예배가 열리는 고등학교로 차를 몰고 다닌 지도 어느덧 10년이 넘었다. 나는 의식적으로 감사하려고 노력한다. 예배 장소에 도착하면 전날 밤에 설치한 텐트들이 보인다. 새벽 5시부터 와서 준비하는 주차 위원들, 70년 된 낡은 학교 강당을 왕이 거하시는 궁전으로 바꾸기 위해 수고하는 봉사자들이 눈에 들어온다. 그 모습을 보고 있으면 눈물이 앞을 가리며, 우리에게 허락된 보물들이 떠오른다. 주일예배를 드리는 순간에도 주일학교 교사들, 커피 봉사자들, 주보 안내위원들, 예배 사역자들을 기억하려고 노력한다. 나는 매주 감사하면서, 기도 가운데 감사 제목들을 의식적으로 되뇌곤 한다.

상황이 어떠하든 당신의 교회에도 감사할 제목들이 있다. 신앙 선배들의 깊은 헌신 위에 세워진, 전통 있는 교회에 다니는 독자들도 있을 것이다. 그런 교회들은 소박해 보이지만 아름답다. 작아 보이지만 당당하다. 하늘까지 가슴 뛰게 하는 교회는 건물의 규모와 무관하다. 그곳에 속한 사람들의 마음 크기가 매력 있는 교회를 만든다.

나는 의식적으로 삶의 속도를 늦추고, 하나님이 만드신 세계의 아름다움을 보는 법을 배우면서 여러 가지 교훈을 얻었다. 어느 봉사자와 나눴던 대화를 기억한다. 우리 교회의 안내자는 모두 봉사자들이다. 초창기부터 그래 왔다. 한 여성은 수요일마다 안내자로 섬기는 일을 5년 넘게 하고 있다. 얼마 전 나는 안내 데스크에 가서 그녀의 성실함에 감사한다는 말을 전했다. 유일하게 쉬는 날을, 방문자들을 맞이하며 전화 받는 일에 헌신하여 주어서 고맙다고 말했다.

"어머, 아니에요. 일주일 내내 이날만을 손꼽아 기다리는 걸요. 제 영혼이 안식하고 마음이 즐거워지는 날이에요. 오히려 제가 목사님께 감사해야죠."

나는 이렇게 늘 감사가 있는 교회가 좋다. 하나님의 영광에 대한 반응으로 나오는 감사는 세상을 가슴 뛰게 하는 교회를 만드는 일에 필수적이다.

행동 지침 ❹   계속 감사하라

특징 05

가족만큼 서로
끈끈한 교회

여러 해 전, 중서부 지역에서 리더십 세미나를 마쳤을 때였다. 그곳에서 나는 새로 부임한 교회에서 어려움을 겪고 있는 목회자와 만났다. 식당에서 아침을 먹고 있는데, 삼십대 초반으로 보이는 남성이 말을 걸어왔다.

"웨인 코데이로 목사님이십니까?"

"세 기억으로는 그렇습니다만." 니는 살짝 웃으며 말했다.

"저는 새로 부임한 목사입니다. 우리 교회는 가망이 안 보입니다. 좀 도와주세요. 괜찮은 책이나 강의 테이프라도 추천해주십시오. 조언도 좋습니다."

"하하, 좀 천천히 합시다. 뭐가 그리 급하십니까?"

"도움이 절실합니다. 여러 프로그램과 콘퍼런스를 시도했지만 전혀 효과가 없습니다. 속수무책이에요."

나는 그의 말을 자세히 들어보기로 했다.

"목회한 지 얼마나 되셨죠?"

"9개월 되었습니다."

"긴 시간은 아니지만 무언가를 남기기에는 충분한 시간이군요. 어떻게 교회에 오시게 되었죠?"

그는 고개를 흔들면서 단어에 신경을 쓰며 말했다.

"생각하고 싶지도 않습니다. 어느 주일 오전에 사건이 터졌습니다. 목사님이 강단에 오르시기에 저는 당연히 설교를 하시려나 보다 생각했습니다. 그런데 '장로님들, 일어나 주시겠습니까?'라고 하시는 겁니다. 이에 장로님 일곱 분이 일어났습니다. 그러자 목사님은 '이분들 때문에 저는 교회를 떠나겠습니다'라고 하시고는, 성경책을 챙기더니 곧장 예배당을 나가셨습니다."

"어떻게 그런 일이…."

"당시 부목사였던 제가 그 뒤를 이어 담임하게 되었습니다."

"사건이 주일날 갑자기 터진 건 아니겠죠?"

"그날 벌어진 일입니다. 제가 그 자리에 있었다니까요."

"주일에 갑자기 벌어진 일이 아닐 겁니다."

그는 혼란스러운 표정이었다.

"주일에 문제가 터지긴 했지만 그 목사님은 깨어진 관계를 회복하려고 수개월, 어쩌면 수년 동안 노력했을 겁니다. 문제가 해결되지 않은 상태에서 서로 분노가 쌓이고, 어느덧 그 상태에 익숙해졌겠지요. 문제가 수면으로 드러난 건 주일이지만, 오랜 기간에 걸쳐 악화되었을 겁니다."

관계를 조금씩 어긋나게 만든 사건들이 떠오른 것인지 그는 고개를 끄덕였다. 우리는 한동안 대화를 나눈 끝에 문제의 원인을 좁히고 관계를 개선하는 데 필요한 해결책을 찾았다.

이런 문제들로 깨지는 교회들을 보면 참 안타깝다. 물론 주일예배에서 장로들을 일으켜 세울 정도로 심각한 상황은 흔치 않지만, 분쟁이 끊이지 않는 교회는 매우 많다.

문제를 해결하지 않고 방관하면, 잡초가 밭을 망가뜨리듯 교회 공동체가 폐허로 변할 수 있다. 교회에 온 외부인도 문제의 뿌리를 콕 집지는 못해도 문제가 있음을 감지한다.

관계가 건강한 교회는 교인들끼리 사이가 매우 좋다. 교회에 오래 다닌 교인은 물론 처음 온 방문자 모두 그 풍성한 관계를 느낄 수 있을 정도다.

따라서 교회에서 갈등 해결은 매우 중요하다. 쉽지 않겠지만 모든 교회가 문제 해결을 위해 지속적으로 노력해야 한다.

\ 집안 정돈 /

하나님이 축복하시는 매력적인 교회의 다섯 번째 특징은

'서로 끈끈한 관계를 맺는 교회'다. 이러한 교회에서는 교인들끼리 원만히 지내며, 사랑 안에서 모두 하나라고 생각한다. 단, 이런 특징을 지닌 교회라고 해서 모두 의견이 일치하거나 문제가 전혀 없는 것은 아니다. 다만 문제가 벌어졌을 때, 시의 적절한 문제 해결을 위해 시간과 노력을 들이는 것이다.

교회 안의 문제가 어쩔 수 없음을 인정하면, 오히려 안심되고 마음이 자유롭다. 문제가 없는 교회는 없으며, 그것이 가능하지도 않다. 어느 교회든 문제가 있음을 인정하면, 모든 것이 늘 정돈되고 깔끔해 보여야 한다는 스트레스에서 벗어날 수 있다.

이렇게 생각해 보자. 나의 아내는 집 안을 깔끔하게 유지하지만, 그렇다고 해서 집 안이 먼지 하나 없이 완벽한 것은 아니다. 아이 셋에 손주들까지 있으니 오죽하겠는가. 그래도 아내는 집이 어지럽혀지면 그냥 두지 않고 재빨리 청소한다.

성장하는 건강한 교회에는 '문제'라는 공통점이 있다. 가정과 결혼도 마찬가지다. 문제가 있다는 것은 사람들이 최선을 다한다는 증거다. 춤을 추다가 발을 밟고 스텝이 엉킨다고 해서 춤을 멈추겠는가? 엉킨 발을 풀고 계속 춤춘다.

우리는 문제를 카펫 아래 감추고 무시하면 저절로 해결되리라 생각한다. 물론 갈등을 해결하려면 요령과 눈치도 필요하다. 모욕을 참거나(잠 12:16 참고) 잘못을 무시해야 할 때(고전 13:5 참고)도 있다. 그러나 문제의 정도가 심각하거나 많은 사람이 연관되어 있을 때는 갈등을 공개적으로 해결해야 한다. 서로 대화하며 생각을 듣고 문제를 밝히며, 소문의 진위를 가려 공동의 목표와 이해를 구해야 한다. 사과가 필요하다면 용서를 구하고 용납한다. 단계마다 시간과 노력, 인내, 기도가 필요하다.

하나님은 치유를 간구하면 치유해 주시는 신실한 분이다. 다만 그분의 원칙에 순복하느냐는 우리가 선택할 문제다. 모든 교인 안에 있는 앙금이 사라지고 새롭게 시작할 수 있을 때까지 주일예배를 취소하는 극단적인 해결책이 필요할 때도 있다. 지나친 말로 들리겠지만, 예수님도 때로는 이상해 보이는 선택을 하셨다. 예수님의 명령을 보자.

> 그러므로 예물을 제단에 드리려다가 거기서 네 형제에게 원망들을 만한 일이 있는 것이 생각나거든 예물을 제단 앞에 두고 먼저 가서 형제와 화목하고 그 후에 와서 예물을 드리라 마 5:23-24

좋은 인간관계를 맺는 것이 교회를 유지하는 일보다 중요하다는 말씀이다. 예수님은 강한 어조로 명령하셨다. 물론 이 명령을 어느 수준까지 지킬지는 우리가 결정해야 한다. 그렇다고 갈등이 해결될 때까지 모든 예배를 중단하는 조치를 하는 것은 지나친 반응이다. 단, 전 교인 또는 교인 대부분이 관련된 구조적인 문제라면 예배를 중단하는 극단적인 방법도 필요하다.

위의 말씀도 상황에 맞게 적용해야 하겠지만 기본 원칙은 변하지 않는다. 무엇보다 개개인의 관계가 가장 중요하다. 교회는 살아 있는 유기체이지 회사가 아니기 때문이다. 살아 있는 사람들로 구성된 능동적인 객체이므로 사람들끼리 잘 지내야 한다. 개인의 건강은 교회 전체의 건강에 영향을 준다.

건강하고 행복한 사람은 엄청난 재난을 겪지만 않는다면 좀처럼 병에 걸리지 않으며, 병에 걸려도 오래가지 않는다. 그러나 해결되지 않는 문제나 걱정, 혼자만 아는 두려움과 상처에 짓눌려 있는 사람은 면역 체계가 크게 손상된다. 질병에 취약한 상태이므로 병에 굴복하는 것이다. 이때는 병이 오래간다.

교회도 마찬가지다. 건강한 관계를 타협하면 다양한 질병에 걸릴 위험이 크다. 불필요한 관계의 병 때문에 의사소통이 안 되고 기쁨이 줄며 소문이 커진다. 그러나 관계가 좋으면 영적인 면역 체계가 우리를 무분별한 질병에서 보호해 준다. 병에 걸려도 금세 건강을 회복한다. 그 결과 사람들은 함께 일하면서 기쁨과 동지애를 느끼며 자원하여 돕는다.

브래드 피트가 서빙하는 피자

이 책에서 갈등 해결에 대해 깊이 다룰 생각은 없다. 회중이 겪는 갈등을 해결하는 데 유용한 자료는 무궁무진하다. 교회에 뿌리 깊은 갈등이 있거나 상호 동의 없이 목회자 교체가 이루어진 상황이라면, 외부 전문가를 초청하여 갈등 해결에 도움을 받는 방법도 있다. 권력 다툼을 해결하고 역할을 명확히 구분하며, 솔직히 고백함으로써 치유받고 회복되어야 한다. 외부 전문가를 통해 갈등을 해결하는 것은 충분히 가치 있는 일이다.

건강한 관계의 긍정적인 측면을 보자. 가장 좋은 점은 공동의 목표를 갖는 일이다. 우리 교회는 9가지 핵심 가치를 곳곳에 붙여 놓고 주일마다 교인들에게 가르친다. 또한 우리 교회가 존재하는 이유에 대해 큰 그림을 제시하려는 노력도 계속한다. 이것은 분명 효과가 있다.

공동의 목표를 위해 여럿이 협력하는 상황을 생각하니, 유명 인사를 이용한 기금 마련 행사가 떠오른다. 모금 프로그램이 방송되는 것을 본 적이 있는가? 심각한 재난이 발생하면 특별 방송이 마련되어, 유명인들이 힘을 합쳐 공동의 목표를 위해 앞장선다. 조지 클루니가 대걸레로 바닥을 닦고, 우피 골드버그가 전화를 받으며, 브래드 피트가 피자를 서빙한다. 연예인들의 선행이 얼마나 큰 홍보 효과를 가져올지에 대해 회의적인 시각을 가질 수도 있으나, 여기서는 잠시 그러한 생각을 접어 두고 대의를 위해 개인의 이익을 잠시 유보하는 건강한 행동을 살펴보겠다. 최근 열린 행사에서 "몸값이 수백만 달러가 넘는 슈퍼스타들을 어떻게 섭외했느냐"는 기자의 질문에 누군가가 이렇게 대답했다. "인간의 능력을 넘어서는 일이 벌어졌습니다."

이 말에는 큰 가치가 담겨 있다. 교회에도 이와 같이 동일한 책임이 요구된다. 성령은 우리가 인간에게 큰 목표를 두지 않기를 원하신다. 다만 우리의 초점을 세상에 오신 메시아, 다시 오실 그리스도, 우리 삶에 임하는 영원한 세계에 둔 채 진실하게 사랑하는 곳에서 역사하기를 바라신다. 그렇게 되면 얼마나 좋을까? 생각만 해도 벅차다. 우리가 서로를 협력자, 동료, 파트너, 동맹으로 여기며 협력한다면 각자가 하나님의 구속 계획의 일부임을 인정하게 되는 것이다.

교회가 공동의 목표를 위해 노력할 때, 사람들끼리 모이는 문화가 조성된다. 친밀함을 거부하는 오늘의 사회에서는 건강한 관계야말로 외로움을 극복하는 해결책이 된다. "여호와 하나님이 이르시되 사람이 혼자 사는 것이 좋지 아니하니"(창 2:18)라는 말씀처럼 우리는 서로를 떠나서는 완성될 수 없다. 테레사 수녀는 이렇게 말했다. "우리에게 평화가 없는 이유는 우리가 서로에게 속했다는 사실을 잊었기 때문이다."[1] 우리가 서로에게 속해 있음을 절대로 잊지 마라.

나의 가장 소중한 친구 중에 노엘 캠벨이라는 분이 있다. 인생의 황금기를 보내던 그는 의욕만 넘치는 젊은 목사인 나에게 오랜 기간 멘토가 되어 주셨다. 한때 포그(POG, 딱지와 비슷함 – 역주) 수집이 크게 유행할 때가 있었다. 포그는 유제품 회사의 이름이 새겨진 우유병 뚜껑으로 시작되었다. 사람들은 포그가 야구 카드의 인기를 뛰어넘으리라 기대했다.

나는 포그가 장차 큰돈이 될 거라는 생각에 친구들과 포그를 교환하고 흥정하는 데 열심을 냈다. 어느 날 나는 그동안 수

집한 양에 마음이 뿌듯하여 노엘 목사님께 말씀드렸다. "목사님, 저는 이제 곧 부자가 될 겁니다. 제 주변에는 야구 카드를 모으거나 포그를 모으는 사람들이 많은데, 목사님도 뭔가 모으시는 게 있나요?" 목사님의 대답에 나는 깜짝 놀랐다.

"난 친구들을 모으지."

누군가의 말을 들었을 때 '내가 먼저 한 말이면 좋겠다'고 생각한 적이 있는가? 노엘 목사님은 친구 수를 늘리려고 많이들 사용하는 페이스북이 등장하기 훨씬 이전에 그 말을 하셨다. 그분의 말은 진심이었다. 그는 사람들을 사랑했으며, 친분을 쌓고 관계망을 넓히는 일에 시간을 투자했다.

이를 교회에 적용하자면 '모든 프로그램, 시설, 자료, 조직은 건강한 인간관계 아래 시행해야 한다'라고 할 수 있다. 건강한 관계는 평생 가는 우정의 기초다. 건강한 관계 속에서만 우정이 쌓인다. 나머지는 부차적인 문제다.

\ 갓 구운 애플파이 /

지금까지 목격한 다양한 형태와 크기의 매력적인 교회들에는 공통점이 있다. 그것은 교인들이 서로의 차이를 극복하고자 끊임없이 노력하며 건강한 관계를 맺는다는 점이다. 이들 교회 중에는 유명한 교회도 있고 그렇지 않은 경우도 있다. 중요한 사실은 사람들이 함께 있기를 좋아한다는 점이다. 이는 교회가 마음을 다해서 친구들을 모으고 교제할 때 가능하다.

건강한 관계를 유지하는 교회는 거창한 프로그램이나 값비싼 장소가 필요치 않다. 어느 겨울의 주일 저녁이 떠오른다. 한 교인의 75번째 생일을 축하하기 위해 작은 예배당에 사람들이 모였다. 예배당에 도착한 사람들은 긴 겨울잠을 끝내고 오랜만에 만난 것 마냥 반갑게 인사를 나눴다. 낡은 난로만으로는 공간을 따뜻하게 하기가 역부족이라서 사람들은 외투를 입은 채로 있었다. 색 바랜 벽, 걸을 때마다 삐걱거리는 소리가 나는 바닥. 참으로 소박한 공간이었지만 사람들의 진심 어린 애정 덕분에 공간이 빛났다. 주위 환경을 주목하는 사람은 한 명도 없었다. 사람들은 웃음꽃을 피우며 추억을 나눴고, 갓 구운 애플파이를 함께 먹었다. 나는 사람들의 솔직함과 진실함이 매우 신선하게 느껴졌다. 가진 게 많지는 않지만 선한 마음을 지닌 그들은 선하신 하나님을 만난 덕분에 자신이 세상에서 가장 특별한 사람이라는 기분을 만끽하고 있었다.

건강한 관계가 있는 곳에는 성령도 기쁘게 찾아오신다. 가장 낮은 곳을 하나님의 임재로 가득히 채우신다.

행동 지침 ❺ ┆ 교회의 관계를 위해 기도하라

특징 06

실수마저 배움의 기회로 삼는 교회

†
IRRESISTIBLE CHURCH

16세기경 시베리아 지역을 횡단하면서 양을 치던 베두인들 중 '타타르족'이라 불리는 이들은, 양들에게 먹일 풀과 자신들의 식량을 찾아서 계속 이동하며 살았다. 그들은 먹을 게 없어지면 바로 천막을 철거하고 신선한 풀과 물을 찾아 길을 떠났다. 타타르족은 차분하고 온순한 민족으로 알려져 있다. 이는 다툼이 벌어졌을 때 그들이 상대에게 하는 말만 들어 봐도 알 수 있다. 그들은 울긋불긋한 얼굴로 화를 누르며 상대에게 이렇게 말한다. "평생 한 곳에서 살아라!"[1] 얼핏 들으면 대수롭지 않은 말로 들릴 수도 있으나, 타타르족이 당면한 생존의 어려움을 생각하면 매우 무서운 저주가 아닐 수 없다.

교회는 타타르족과 반대되는 삶을 지향한다. 변화보다는 안정을 추구한다. 모두 동의하는 암묵적인 목표를 말하자면, 좋은 곳에 정착하는 것이다. 성도들은 익숙한 프로그램을 좋아한다. 작년이나 재작년, 심지어 10년 전에 활용했던 프로그램을 다시 사용한다.

많은 교회가 중요하게 여기는 가치 중 하나가 '일관성'이다. 일관성은 '늘 하던 대로 한다'는 태도다. 그러나 세상을 가슴 뛰게 하는 교회는 지속적으로 배우고 조정한다. 이들에게 변화란, 끊임없이 변하는 사회에서 통용되는 화폐와 같다. 이들은 늘 변화를 추구한다. 과거에 효과 있던 방식이라고 해서 오늘날에도 효과적일 것이라고 장담할 수는 없기 때문이다.

그렇다고 변화를 위한 변화를 추구하라는 말은 아니다. 시대적 흐름에 맞추어 동시대적이고 '쿨'하게 보이는 데 역점을 두기보다는, 하나님이 그분의 유익을 위해 변화라는 도구를 사용하심을 기억하며 그분을 따라 변화를 선택하라는 말이다. 새로운 일을 배우려 하지 않는 사람은 성장하지 못한다. 사람의 영도 마찬가지다. 하나님과 그분의 뜻, 사람들, 영에 대해 배워야 성장한다.

미래학자 앨빈 토플러는 "21세기 문맹은 읽지 못하고 쓰지 못하는 사람이 아니라, 새로운 일을 배우려고 하지 않는 사람"이라고 했다.[2]

교회인 우리의 임무가 바로 이것이다. 변화하는 사회에 접근

하려면 우리 역시 계속 변화하고 적응해야 한다. 하나님이 원하시는 사람이 되려면 배우고 잊어버리고, 다시 또 배워야 한다.

학습의 중요한 요소

하나님이 축복하시는 매력적인 교회의 여섯 번째 특징은 '언제 어디서나 배우는 교회'다. 배우는 데 유용한 최고의 도구는 예상치 못한 곳에 있다. 바로 우리가 저지르는 '실수'다. 나도 그렇지만 실수하고 싶은 사람은 없을 것이다. 그러나 시간을 내어 자신의 실수를 들여다보면 많은 지혜를 얻을 수 있다.

몇 달 전에 주최한 세미나에서 질의응답 시간에 한 청년이 손을 들어 이렇게 물었다. "목사님은 지금까지 살아오면서 심각한 실수를 얼마나 자주 저지르셨습니까?"

나는 이렇게 대답했다. "태어난 이후부터 지금까지 평균적으로 일주일에 한 번은 실수한 것 같습니다."

순간 청중들이 "와아"하고 웃었다. 나는 곧바로 이렇게 덧붙였다. "중요한 점은 실수를 하느냐 안 하느냐가 아니라, 그 실수를 통해 무엇을 배웠느냐입니다."

우리 뉴 호프 오아후 교회는 끊임없이 배우는 문화를 추구한다. 새로운 일을 시도하고 새로운 사역에 도전하며, 참신한 일을 담대하게 추진한다. 비록 교회의 역사가 어느 정도 쌓이긴 했지만, 우리 교회에는 여전히 새로운 발견에 목말라 하는 젊은 지도자가 많다. 교회 초창기에는 연륜 있는 사역자들과 젊은 지도자들이 함께 있었는데, 선배 사역자들은 초보자들에게서 가능성을 이끌어 내는 코치의 역할을 자처했다.

젊은 지도자들과 함께 일하는 기쁨은 대단하다. 그들 덕분에 선배 사역자들은 신중히 행동하며, 매사에 무릎으로 나아갔다. 돌이켜 보면 베테랑들만 채용하지 않고 청년들을 키우는 쪽으로 결단한 것이 현명했다는 생각이 든다. 또다시 기회가 주어져도 똑같이 할 생각이다. 한 가지 배운 점이 있다면, 젊은 지도자들 안에는 언제 일어날지 모르는 수백 개의 실수가 도사리고 있다는 것이다. 물론 나 또한 실수를 대수롭지 않게 여기거나 잘못된 판단을 무시하는 것은 아니지만, 될 수 있으면 젊은 지도자들이 용기를 내어 다시 일어서도록 적절한 여유를 주고자 노력한다. 마르틴 루터는 "하나님을 사랑하고 담대히 죄를 지으라!"고 했다.[3] 이는 물론 의도적으로 죄를 지으라는 말이 아니다. 하나님을 사랑하려고 노력하다 보면 실수하기가 쉬운데, 실수를 두려워하면 하나님을 온전히 섬길 수 없다는 말이다.

솔로몬 왕의 태도를 교회에 적용하면 도움이 된다. 솔로몬이 언급한 재미있는 역설을 보라. "소가 없으면 구유는 깨끗하려니와 소의 힘으로 얻는 것이 많으니라"(잠 14:4). 구유가 깨끗하기를 바라면 소에게서 얻을 수 있는 힘과 도움을 기대할 수 없다. 결국 삽을 사서 직접 땀을 흘려야 한다. 판단 착오나 잘못,

실수는 그다지 치명적이지 않다. 그 실수를 처리하는 방법이 치명적이다. 실수를 어떻게 다루느냐가 피해 규모를 결정한다. 그래서 나는 실수를 통해 배울 수 있는 지혜를 최대한 취하려고 노력한다. 실수에서 교훈을 얻고 남은 찌꺼기를 버린 후에는 실수를 완전히 잊어버린다. 실수에는 신속한 처리와 느긋한 성찰이 필요하다. 학습에서 중요한 '성찰'에 대해 알아보자.

성찰하는 삶

실수는 우리에게 경험을 주지만, 경험만으로는 지혜로운 사람이 되지 못한다. 실수를 되풀이했을 때의 경험은 우리가 같은 일을 또 저질렀다는 사실만 상기시켜 준다. 우리가 원하는 지혜는 경험이 아니라 성찰에서 온다. 이를 수식으로 표현하면 '경험+성찰=통찰'이다.

당신은 자신이 저지른 실수를 포함하여 자신의 삶을 성찰하는 사람인가? 나는 반복되는 실수에 시간을 허비하기보다는 성찰하는 삶을 살고 싶다.

성찰하는 삶이란 무엇일까? 어떤 이들의 삶은 빈 공책과 같다. 그들은 공책에 아무것도 적지 않는다. 끼적거리기는커녕 그 어떤 표시나 성찰, 경험이 없다. 한편 어떤 이들의 삶은 경험이 가득 담긴 공책과 같다. 다만 그들은 공책에 기록만 하고 들춰

보지는 않는다. 그 공책은 그저 과거의 실패를 담은 기록장에 불과하다. 또 다른 이들은 자신의 경험을 정기적으로 돌아보는 일에 시간을 투자한다. 하나님의 가르침을 생각하며, 짧든 길든 홀로 시간을 보내는 것이다. 잘못된 관점을 바로잡고 삶의 우선순위를 재정립하려면 시간과 성찰이 필요하다. 과거로부터 배울 수 있는 모든 지혜를 빠짐없이 기록하는 사람들은, 엄청난 부가 보장된 계좌에 예금을 넣어 두는 것과 같다.

어떻게 해야 성찰을 잘할 수 있을까? 내가 아는 사람들은 분기별로 하루를 정해 기도하고 성경을 읽으며 묵상하고, 일기를 쓰면서 홀로 시간을 보낸다. 이러한 의도적인 성찰의 시간을 통해 많은 유익을 얻을 수 있다고 한다. 40일이라는 구체적인 기간을 정해서 우선순위나 결정할 것에 대해 하나님의 시각을 얻고 응답을 듣고자 기도하는 사람들도 있다. 주님의 방향을 간구하면서 정기적으로 금식하는 한 여성은 '하나님과 단둘이 보내는 시간'이야말로 앞으로 나가기 위한 전제 조건이라고 말한다.

앞에서 소개한 성찰 방법은 모두 유용하다. 성찰 없는 경험은 우리를 그릇된 결론으로 몰아간다. 성찰이 부족하면 다시 시도해 볼 엄두를 못 내거나 시도 자체를 두려워하게 될 수도 있다. 열성을 다해 뛰어들지 못하고 움츠러들게 된다. 마크 트웨인은 "뜨거운 난로 위에 앉은 고양이는 뜨거운 난로 위에 다시는 앉지 않을 뿐만 아니라, 어떤 난로 위에도 앉지 않는다"라고 말했다.[4] 경험은 결국 습관으로 자리 잡는다. 두려움의 삶은 행동을 회피하지만, 믿음의 삶은 하나님의 인도하심과 행동을 신뢰한다. 세상을 가슴 뛰게 하는 교회는 시간을 들여 하나님의 방법을 성찰하고, 그 가운데서 지혜를 터득한다.

우리 교회는 '디브리핑'이라는 리더 모임에서 각자가 깨달은 교훈을 공유한다. 오랫동안 지속된 이 모임을 통해 우리는 끊임없이 배우는 문화를 만들고자 노력했다. 이 모임은 '실수 찾기'나 '비판하기'가 아니라 '의견을 나누는 시간'이다. 디브리핑의 목적은 교훈을 통한 성장이다. 모임 방식은 매주 토요일 저녁에 주말 첫 예배를 드린 후, 교회 리더들이 한자리에 모여서 방금 드린 예배에 대한 의견을 나누는 식이다.

이것은 규모에 관계없이 어느 교회에서나 할 수 있다. 월요일이나 화요일 오전에 주일예배에 대한 의견을 나누는 곳도 있는데, 사실 예배를 마친 후 기억이 생생할 때 나누는 게 바람직하다. 내 경우에는 가족 행사나 사역에 대해서도 비슷한 시간을 가진다. 이 시간은 모두 배우고 발전하며 기뻐할 수 있는 계기가 된다. 이 시간에는 이런 질문을 할 수 있다.

- 사람들이 예배에 동참했는가? 잠삼히 보기만 했는가?
- 예배 가운데 성령의 움직임이 느껴졌는가? 그저 예배 순서에만 충실했는가?
- 메시지가 사람들의 마음과 생각을 움직였는가?
- 그리스도를 영접한 사람이 있는가?

- 예수님을 높이는 예배였는가? 사람에게 집중된 예배였는가?
- 사람들이 예배당을 떠나면서 그리스도에 대해 이야기했는가?
- 함께 기뻐할 일이 있는가?

이 질문들은 우리가 무엇을 좋아하고 싫어하는가에 대한 선호 여부와는 무관한 것이다. 이것들은 항상 목적에 바탕을 둔다. 우리가 지금 이 일을 왜 하는지, 그 사명을 되새김하게 해주는 것이다.

한편 유의할 점이 하나 있는데, 건강한 토론과 논쟁 사이에 선을 그어 명확히 구분해야 한다는 것이다. 토론은 서로 다른 의견을 허용하지만, 모두 같은 배를 타고 있다는 점을 전제로 한다. 어떤 문제에 대해 토론할 때, 우리는 하나님이 맡기신 일을 더욱 잘 하는 데 초점을 두어야 한다. 반면에 논쟁은 타인에 대한 우월함을 추구한다. 좋은 리더와 목자는 모임에서 논쟁을 허용하지 않는다. 우리는 한 팀이며 우리의 목적은 풍성한 열매를 맺는 것이다. 우리는 의견을 나누면서 모든 질문에 대답하고 생각을 나누며, 필요에 따라 의견을 조정한다. 우리는 사람들에게 솔직하게 의견을 피력할 권한을 준다. 그리고 서로를 세운다는 목적 아래 모든 일을 한다.

세상을 가슴 뛰게 하는 교회는 상시 임무를 수행하며 자신의 존재 이유를 기억한다. 하나님을 영화롭게 하고 사람들에게 그리스도를 전하며 성도들이 힘껏 사역하도록 훈련시킨다.

\ 비효율적인 사역 /

　워싱턴 주 시골에서 캠프 사역을 하는 친구가 있다. 캠프 관리자들은 시설과 프로그램을 개선하기 위해 많은 시간을 들이고 많은 노력을 기울였다. 그러나 필요한 변화를 시도하는 것이 분명함에도, 캠프의 오랜 전통을 유지해야 한다는 반발에 번번이 부딪혔다. 예를 들면, 옥외 화장실을 수세식으로 교체하는 일에 비판을 받았다. 시골의 정취를 간직하려는 사람들 때문이었다. 당신도 재래식 화장실에 대한 향기로운 추억이 있는가?

　교회에서도 불합리한 불만이 제기될 때가 많다. 선한 의도를 간직한 기독교 공동체인 우리는 왜 변화를 거부하는가?

　어쩌면 교회 버스를 처분하는 일도 반대에 부딪칠 수 있다. 현재의 교회 버스를 객관적으로 평가해 보면, 도로에서 언제 멈출지 모르는 상태인 데다 매연도 많이 나온다. 차라리 몸이 불편한 분들은 밴이나 인터넷, 비디오 등으로 섬기는 편이 더 효율적인 것 같아 보인다. 그러나 사람들의 반대 때문에 버스를 처분하기가 어렵다. 그들에게는 많은 어르신을 버스로 모셔 왔다가 다시 모셔다 드리던 좋은 기억이 있고, 버스를 처분하는 일은 곧 변화에 해당하기 때문이다.

　주일예배 주보를 인쇄하지 않는 일은 상상도 못하는 사람들이 있다. 늘 인쇄된 주보를 나누어 받았기 때문에 그들은 그 주보에 익숙하다. 사실 주보가 인쇄된 후에는 예배 중에 무언가를 바꾸기가 어렵다. 주보와 조금이라도 다르게 할라치면 교인들이 주보를 보며 이상하게 여길 게 분명하기 때문이다.

우리 교회는 어머니날에 중등부 사역을 위한 기금 마련 행사로, 오전예배 전에 아침 식사를 제공한다. 물론 참석자도 적고 모이는 돈도 적다. 일찍 나오느라 잠이 부족한 학생들은 예민하게 반응하고 접시도 잘 떨어뜨린다. 그렇다고 이 행사를 중단할 수 있는 것도 아니다.

참석자 수가 적고, 그나마 참석한 이들의 마음이 다른 데에 가 있다고 해서, 슈퍼볼 결승전이 열리는 주일 저녁예배를 취소할 수 있을까? 주일예배를 취소하는 일은 아직까지 꿈도 못 꿀 일이다. 독창성을 발휘하여 그 시간에 단순하면서도 효과적인 남성 전도 사역을 해도 좋을 텐데, 아쉬울 뿐이다.

혹시 책을 읽다가 마음이 찔린다고 해서, 화를 내거나 책을 덮어 버리지 않기를 바란다. 굳이 누군가를 비난하려는 의도는 전혀 없다. 당신이 속한 교회의 효율성을 높이려는 차원에서 솔직하게 질문해 보기 바란다. 아무리 고통스러워도 진실과 대면하는 일은 삶을 개선하기 위한 최고의 원칙 중 하나다. 진실을 인정할 용기가 없으면 앞으로 나아가지 못한다.

이 원칙을 삶의 다른 부분에 적용해 보라. 지금 하는 일이 나와 맞지 않는 일이라는 사실을 인정하지 못하면, 지금 하는 일에 필요한 변화를 시도하거나 다른 직장으로 옮기는 일이 불가능하다. 결혼 생활에 문제가 있음을 인정하지 않으면 싸움을 악화시키는 상처 주는 말을 바로잡거나 필요한 도움을 받지 못한다. 자신이 과체중이라는 사실을 인정하지 않으면 비만을 야기하는 오랜 습관을 결코 버릴 수 없다.

진실은 우리를 해방시키는 반면 우리에게 불쾌감과 비참함도 준다. 그러나 거짓임을 알면서도 그것을 계속 붙잡은 채 앞으로 나아가지 않고 진실을 거부하는 일은 더 나쁘다.

세상을 가슴 뛰게 하는 교회는 효과 없는 사역에 용기 있게 대면하여 은혜와 긍휼로 대응한다. 또한 프로그램과 방식에 이미 말라 죽은 가지가 있음을 성숙하게 인정한다. 세계 최고의 의사들도 수술 전에 엑스레이를 통해 상태를 분석하듯, 우리도 문제를 면밀히 살펴보고 문제가 보이면 함께 합의하여 최선의 해결책을 찾아야 한다. 의사들은 환자를 탓하거나 유전자를 비난하지 않는다. 의사들의 임무는 문제를 해결하고 환자들이 건강을 되찾도록 하는 데 있다. 우리도 마찬가지다.

누구에게나 배울 점이 있다

우리는 뜻밖의 장소에서 교훈을 얻기도 한다. 우선 모든 교회가 완전하지 않다는 사실을 기억할 필요가 있다. 존 웨슬리 화이트라는 설교자는 평범한 설교에서 영적인 진리를 발견하는 사람이다. 그는 학습에 대한 책임을 다른 사람이 아니라 자기 자신에게 둔다. 이는 우리가 배워야 할 태도다. 신선한 아이디어를 습득하고 새로운 일을 경험하는 일에 굶주리는 사람은 언제든 배운다. 좋은 교사든 나쁜 교사든, 모든 교사에게는 배울 점이 있다.

한 젊은 목회자가 2개월 집중 코스로 대학에서 변증론을 배우고 왔다. 나는 그에게 강의가 어땠는지 물어봤다.

"수업은 어땠어요?"

"절반은 괜찮았고, 절반은 별로였어요."

"그게 무슨 말이죠?"

"교수님들 중에 절반은 재미있게 가르치셔서 많이 배웠는데, 나머지 교수님들은 따분해서 별로 배운 게 없어요."

"그러면 안 돼요. 교수가 좋든 안 좋든 모두에게 배워야죠. 좋은 교수에게만 배운다면 절반만 배우는 겁니다. 하지만 안 좋은 교수에게 배운다면 두 배로 배우는 셈입니다."

"안 좋은 교수에게 어떻게 배운다는 말씀이죠? 강의를 3분만 들어도 지루해서 죽을 지경인 걸요."

"아, 그래요? 그러면 3분 안에 사람을 지루하게 만드는 기술을 배웠겠네요? 그 교수의 어떤 행동 때문이었는지 생각해 보세요. 목소리가 단조로웠나요? 가르치는 내용을 잘 모르던가요? 이 말 했다가 저 말 했다가 하면서 우왕좌왕하던가요? 열정이 부족했나요? 왜 지루했는지를 알면 다음에 혹 강의할 일이 생겼을 때 사람들을 지루하지 않게 할 수 있지요."

항상 배우라

교회의 역사가 얼마나 되었든 계속 새로운 것을 배우기로 결단하라. 대인 기술, 조직 관리 기술, 실행 기술, 팀 관리 기술을 개발하고 갈등을 해결할 방법을 배우라. "내 백성이 지식이 없으므로 망하는도다"(호 4:6)라는 말씀처럼, 지식은 우리가 지속적으로 추구해야 할 귀중한 것이다. 여기서 말하는 지식이란 우리를 교만하게 하는 지식(고전 8:1 참고)이 아니라, 우리가 지혜롭게 살도록 도와주는 실질적인 지혜를 말한다(잠 1:1-7 참고). 이 지식의 기반은 하나님의 덕목이다. 그것은 우리가 더욱 사랑하고 신뢰함으로써 소망이 넘치게 되어 더 많은 사람에게 복음을 전하도록 이끈다.

교회에서 배울 수 있는 기술들은 무엇이 있을까?

- 행정 간사는 새로운 컴퓨터 프로그램을 배워서 주보를 색다르게 만든다.
- 부목사는 학업을 통해 지속적으로 실력을 쌓고, 교육목사는 세미나에 참석하여 효과적인 의사소통 방법을 배운다.
- 학생부 교사들은 정기적으로 세미나에 참여하여 학생 사역의 최근 경향을 배운다.
- 예배 팀은 계속 새로운 노래를 연습하며, 레슨을 통해 실력을 갈고닦는다.

- 교회 임원은 책을 통해 효과적인 교회 관리 방법을 배운다.
- 소그룹 지도자들은 훈련에 참여하여 그룹 토의를 활발하게 이끄는 방법을 배운다.

교회에는 더 이상 배우려 하지 않는 사람들이 있다. 그들은 자기 것에 대한 소유욕이 강하여 이렇게 말한다. "내 책상이다. 내 스테이플러다. 내 방이다. 내 친구들이다. 내 구역이다." 왜 그러는 것일까? 교회에 새로 오는 사람들이 두렵고 위협적으로 느껴지기 때문이다. 새로운 기술을 배워서 능력을 키우고 하나님의 영광을 드러내며, 더 많은 사람을 그리스도께 인도하는 사람이 되기보다는 현재 상태를 유지하려는 마음이 강한 것이다.

배우는 일을 중단하지 마라. 자신과 하나님에 대해 새로운 진실을 탐구하라. 솔직한 자기반성을 두려워하지 마라. 자신을 깊이 들여다보면, 배운 내용은 더 나은 미래를 위한 자양분이 될 것이다.

행동 지침 ❻ 　 항상 배우라

특징 07

영적 기갈이 없는 교회

IRRESISTIBLE CHURCH

우리 교회의 젊은 부교역자가 초췌한 모습으로 방에 들어오면서 말했다.

"더는 여기 못 있겠습니다."

나는 의자를 뒤로 젖히며 물었다.

"왜 그래요?"

"음…. 여기에서는 공급을 못 받습니다."

전에도 비슷한 말을 하면서 교회를 떠난 사람들이 있었지만 이번에는 당혹스러웠다. 그는 우리 교회에서 4년 동안 함께 사역했던 형제였다. 우리 교회의 사역자로서 반드시 지켜야 할 일이 있다면, 그것은 바로 매일의 경건 시간이다. 그는 그리스도인의 참된 성숙에 있어 가장 중요한 부분을 놓치고 있었다.

"공급을 못 받는다고요? 시간을 정해서 하나님과의 시간을 홀로 보내고 있습니까?"

"전 정말 시간이 없습니다. 얼마나 바쁘다고요."

"올해 나이가 어떻게 되죠?"

"스물여덟입니다."

"제 아들과 나이가 똑같네요. 이런 상황을 생각해 봅시다. 제 아들이 힘이 쭉 빠져서 수척해진 얼굴로 저를 찾아왔다고 합시다. 그 아이는 눈이 퀭하고 몸도 처지고, 피골이 상접한 상태에서 다 죽어가는 얼굴로 이렇게 말합니다. '아버지, 저는 이 가정을 떠나겠습니다.' 무슨 말이냐는 질문에 아들이 대답합니다. '아무도 저를 먹여 주지 않아요.' 이때 저는 아들에게 뭐라고 해야 할까요?"

그가 의자에 털썩 주저앉으며 답했다. "스스로 챙겨 먹으라고 하겠죠?"

그는 중요한 사실을 알고 있으면서도 어떤 이유에서인지 그대로 따르지 않았다. 나는 결국 그의 사임을 수락했다.

누군가를 비난하려고 하는 말이 아니다. 그는 교회를 떠나고 싶어 했고, 제대로 공급받지 못한다는 그의 불만에는 여러 가지 이유가 있었다. 나는 굳이 그를 붙잡지 않았다. 나 역시 그와 비슷한 생각을 했던 경험이 있기 때문이다.

그리스도인이 되고 얼마 지나지 않았을 때, 나는 당시 다니던 교회의 가르침에 대해서 하나님께 불평했다. 학구파였던 목사님의 설교를 듣고 있으면 머리가 어지러웠다. 한번은 주일 오전예배 후에 화장실에 가서 변기 커버를 내리고, 옷을 입은 채로 앉아서 두 손으로 머리를 감싼 채 외쳤다. "하나님, 여기 있으면 굶어 죽겠습니다. 제대로 공급받지 못하고 있어요. 정말 죽겠습니다."

수도꼭지에서 떨어지는 물소리와 조용히 돌아가는 에어컨 소리가 들리는 가운데, 하나님의 음성을 듣기 위해 가만히 귀를 기울였다. 침묵 속에서 기도하며 집중하자 성령의 임재가 느껴졌다. 그날 화장실 안에서 하나님의 음성을 들었다. "나 하나로 충분하지 않느냐?"

나는 그것이 분명 하나님의 음성이었다고 믿는다. "나 하나로 충분하지 않느냐?"라는 말씀은 최고의 프로그램이자 교사이신 성령을 거부했던 나를 조용히 책망하시는 말씀이었다. 나는 성령께 학생으로 초청받았음에도 반응하지 않고 있었다. 개인의 영적 성장과 영양 공급처럼 나 스스로 해야 하는 일을 누군가가 해주기만 바랐던 것이다. 일주일에 한 번 먹는 식사로 살려고 했던 것이다. 그러니 굶주리는 게 당연했다.

다음 날부터 나는 성경을 읽고 기도하며 일기를 쓰기 시작했다. 늘 같은 마음과 동기를 유지하면서 지속적으로 개인 묵상을 했다. 나 자신의 영적 성숙을 위한 해답은 나에게 있었다. 성장하려면 나 스스로 먹어야 했던 것이다.

목마르지 않아도 필요한 수분 섭취

하나님이 축복하시는 매력적인 교회의 일곱 번째 특징은 '영적 공급을 스스로 잘 받는 교회'다. 먹는 일은 자신의 책임이다. 다른 사람이 먹여 줄 수 없다. 자신의 성장과 성숙은 목사나 장로, 또는 주일학교 교사의 책임이 아니다. 물론 그들에게 코치와 조언, 그리고 격려와 훈련을 받을 수는 있다. 그러나 내가 공급받는 일은 전적으로 나의 책임이다.

우리는 영혼을 관리하는 일에는 별로 신경 쓰지 않다가 뒤늦게야 그 중요성을 깨닫는다. 오래전 학생 시절에 장거리 경주 훈련을 받은 적이 있다. 코치님은 물을 먹고 싶지 않아도 일정 간격으로 수분을 섭취하라고 하셨다. 우리는 시간을 잘 준수하여, 15분마다 6온스(170g)의 물을 마셔야 했다.

"코치님, 목마르지 않아도 마셔야 돼요?"

"내 말을 잘 들어. 목마를 때 물을 마시면 그때는 너무 늦어. 몸에서 이미 탈수 현상이 일어나기 시작한 거니까. 그때까지 기다려서는 안 돼."

다음 성경말씀은 영적 차원에서 우리에게 필요한 태도를 알려 준다.

> 너희는 가만히 있어 내가 하나님 됨을 알지어다 시 46:10

이 구절에는 스스로 영양분을 공급받는 놀라운 방법과 초청이 담겨 있다. 이 짧은 구절에서 초청에 해당하는 말은 '하나님 됨을 알지어다'이며, 이를 위한 방법은 '가만히 있음'이다.

가만히 있는 일에서 중요한 것이 '고독'이다. 고독은 하나님을 아는 필수적인 열쇠다. 고독은 피곤한 마음을 새롭게 한다. 하나님과 홀로 있는 시간에 상처 난 영혼이 치유를 받는다. 고독은 영혼에 묻은 때를 벗기고 인생의 나침반을 재조정하는 기회가 된다. 이렇게 홀로 보내는 시간이 없으면, 충분한 성찰이 없는 혼란 속에서 영적인 굶주림에 휩쓸리기 쉽다.

고독과 고립은 다르다. 고독이 변색되면 고립이 된다. 삶에서 충분한 고독을 누리지 못하면, 홀로 있고 싶다는 갈망이 짙어져서 친한 친구나 배우자, 주님 등 가장 건강한 관계에도 거리를 두게 된다. 텔레비전이나 라디오, 꽉 찬 일정 등 현실에서 도피하는 방법들로 영혼을 채워서 불만족을 해결하려고 한다. 그러나 이렇게 자신을 고립시키게 되면 건강한 인간관계를 누리지 못한다.

테레사 수녀는 "램프가 계속 타려면 기름을 계속 넣어야 한다"라고 말했다. 우리의 램프에 필요한 기름은 '하나님과 홀로 보내는 시간'이라는 기름이다. 이 기름은 우리 마음을 유지시킨다. 우리에게 새로운 활력과 생기를 주며, 반복되는 일상과 업무와 문제에 새로운 시각을 제공하는 것이다.

축구 시합에 뛸 준비

시편 119편 32-35절 역시 스스로 공급받는 방법에 대해 새로운 가르침을 준다. 규칙적으로 주님을 만나는 시간의 유익을 알려 주며, 그렇게 하도록 권고한다.

> 주께서 내 마음을 넓히시면
> 내가 주의 계명들의 길로 달려가리이다
> 여호와여 주의 율례들의 도를 내게 가르치소서
> 내가 끝까지 지키리이다
> 나로 하여금 깨닫게 하여 주소서
> 내가 주의 법을 준행하며 전심으로 지키리이다
> 나로 하여금 주의 계명들의 길로 행하게 하소서
> 내가 이를 즐거워함이니이다

32절을 보자. 우리는 무엇 때문에 주의 계명들의 길로 달려가는가? 주님이 우리 마음을 넓히시기 때문이다. 홀로 있는 시간에 스스로 영양분을 섭취하는 일은 지겨운 숙제나 의무가 아니다. 하나님은 우리를 그분과의 관계로 초청하신다. 그분의 말씀인 성경은 살아 있고 활력이 있다(히 4:12 참고). 그분의 명령과 규율을 따른 결과는 양선과 기쁨, 모험이다.

이십대 초반에 나는 인근 고등학교에서 축구팀 코치로 활동했다. 재능 있는 선수들이 많아 몇 년 동안 좋은 성적을 거둔 팀이었다. 학생들은 자신이 이 팀에 소속되었다는 사실에 자부심을 느꼈고, 열심히 하려는 의지도 대단했다.

새로운 시즌을 맞이한 첫날, 연습을 위해 축구장에 모인 선수들은 유니폼을 입고 만반의 준비를 갖추고 있었다. 그중 한 학생이 청바지 차림에 가방을 메고 왔다.

"저는 축구에 별로 흥미가 없어요. 그래서 밴드부에 지원할까 해요. 코치님 생각은 어떠세요?"

"밴드부에 더 생각이 있나 보구나."

그는 내 말뜻을 모르겠다는 듯 눈썹을 살짝 올렸다.

"내 일은 너희가 축구를 잘하도록 도와주는 거지, 결정을 대신 내려 주는 게 아니야. 축구를 하겠다면 기술을 잘 연마해서 좋은 플레이를 하도록 도와주겠지만, 너 스스로 결정을 내릴 때까지는 그저 지켜보는 수밖에 없어. 축구를 하기로 결심했다면 마음을 단단히 먹고 와야 한다. 아직 결정을 못 내렸으면 나도 가르쳐 줄 게 없어. 여기 모인 아이들은 축구 시합에서 뛸 준비가 이미 되어 있거든."

너무 직실직으로 들렸을 수도 있으니, 빙빙 돌러 말하는 것보다는 강하게 말하는 편이 낫다고 생각했다. 훌륭한 팀 플레이어는 경기에 뛰겠다는 마음가짐을 갖추고, 코치가 시키는 대로 하겠다는 태도를 지닌 사람이라는 조언을 그 학생에게 해주고 싶었다.

앞의 사례를 교회에 적용해 보자. 스스로 양분을 찾아 먹는 그리스도인은 청바지 차림에 가방을 멘 채로 나타나는 대신 축구 유니폼을 입고 교회에 온다. 열심히 하겠다는 결심으로 나오는 것이다. 그는 매일 하나님의 음성을 들으려고 노력하며, 배우려는 마음으로 교회에 와서 주일예배를 통해 많은 것을 얻어 돌아간다.

이렇게도 생각할 수 있다. 〈미국 의학 저널〉(*The American Journal of Medicine*) 최근호에 의사들이 놀라운 결과를 발표했다.

21세기 미국인의 건강은 의사들이 사람들에게 해줄 수 있는 일에 의해 결정되지 않는다. 오늘날 미국인의 건강은 사람들이 자기 자신을 관리하도록 의사들이 무엇을 하느냐에 달려 있다.[1]

이 결론을 우리에게 적용해 보자. 일주일에 딱 한 번 푹 삶은 닭과 익힌 채소와 비타민을 먹는다면, 제아무리 맛 좋은 건강식이라 해도 결국 영양실조에 걸릴 것이다.

매일의 식사는 많은 변화를 가져온다. 이처럼 하나님의 말씀을 규칙적으로 먹으면 건강하고 튼튼한 성도, 세상을 바꾸는 그리스도인이 될 수 있다.

이처럼 스스로 먹는 기쁨은 우리의 몫이다. 앞의 시편에서 하나님은 우리에게 마음을 넓혀 줄 테니 주의 계명의 길로 달리라고 말씀하신다. 따라서 우리가 할 일은 스트레칭을 하고 운

동화 끈을 단단히 묶고, 눈앞에 다가올 선한 일들을 기대하면서 열심히 달리는 것이다.

흔들리지 않는

하나님의 말씀을 규칙적으로 먹으면, 목자에 대해 더욱 친밀하게 알 수 있다. 일정한 템포로 안정감 있게 살면, 폭풍이 밀려와서 위협해도 결코 흔들리지 않는 하나님의 선하심을 경험할 수 있다. 스스로 영적 양분을 먹는 사람은 날마다 시편 16편 8절을 경험한다.

> 내가 여호와를 항상 내 앞에 모심이여 그가 나의 오른쪽에 계시므로 내가 흔들리지 아니하리로다

오래전에 작은 시골 교회에서 발표회가 열렸다. 특히 두 순서가 사람들의 마음을 사로잡았다. 첫 번째 순서에는 외부에서 온 배우가 등장했다. 그는 셰익스피어 극단에서 충분히 훈련받은 숙련된 전문 배우였다. 무대에 등장한 그는 목을 가다듬더니 깊은 울림이 있는 목소리로 시편 23편을 낭송했다. 화려한 몸짓과 완숙한 자세, 당당한 목소리로 낭송을 마치자 박수갈채가 쏟아졌다.

사회를 본 목사님은 잠시 뜸을 들이더니, 뒷문 근처에 있던 성도에게 고개로 신호를 보냈다. "조셉, 앞으로 나오실래요?"

그러자 그가 고개를 절레절레 흔들었다. "아이고 저는 아무것도 몰라요, 목사님."

"아니요, 지금도 충분합니다. 앞으로 나오세요."

주위에서 앞으로 나가라고 부추기는 바람에 그는 마지못해 앞으로 나왔다. 그는 몸을 어찌해야 할지 몰라서 당황해하며 입을 열었다.

"저는 아는 게 별로 없습니다만, 앞의 분이 했던 시편 23편 말씀을 암송해 볼게요. 사실 글과 친하질 않아서, 그 말씀밖에 제대로 아는 게 없네요. 괜히 앞의 분께 혼나는 거 아닌지 모르겠습니다."

"괜찮으니까 해보세요." 목사님이 한마디 거드시자 다른 교인들도 격려를 보냈다.

육십대 초반인 그는 인생에서 힘든 일을 많이 겪었지만, 언제나 경건하고 과묵한 분이었다. 그는 숨을 크게 들이쉬더니 더듬거리며 시편 23편을 자기만의 방식으로 읊었다. "여호와는 나의 목자시니 그것만으로도 저는 모든 걸 가진 사람입니다." 이야기는 곧 다른 길로 흘러갔다.

"여러분도 알다시피 저는 사랑하는 아내를 6년 전에 잃었습니다. 우리 헬렌이 죽었을 때, 저는 아내 없이 살 수 없다고 생각했습니다. 그래도 하나님은 저를 떠나지 않으셨고, 제게 괜찮다고 말씀하셨죠. 저와 아이들에게 항상 함께하겠다고 말씀하셨고, 그분은 분명 그렇게 하셨습니다."

그는 어느 구절까지 말했는지 잠시 생각하더니 말을 이었다. "나를 푸른 풀밭에 누이시며 쉴 만한 물가로 인도하시며 내 영혼을 소생시키시며 나를…." 문득 다른 생각이 들었는지 그는 다시 말을 멈췄다. "전쟁이 일어나자 제 아이들은 참전하겠다고 했습니다. 아이들이 집을 떠난 날이 제가 아이들을 본 마지막 날이었습니다. 지금 저는 혼자 농장을 꾸려갑니다만…, 주님은 저보다 앞서 가시며 제게 상을 차려 주십니다. 저는 결코 혼자가 아닙니다. 절대로 아닙니다. 남은 게 별로 없다는 생각이 드는 순간에도 제 잔은 언제나 넘칩니다."

이제 마지막 구절을 할 때가 되었다. "주의 선하심과 인자하심이 분명히 저를 따를 겁니다. 저는 우리 주님 집에 살 그날을 고대합니다. 그 집은 저와 우리 헬렌과 제 아이들이 영원히 살 집입니다."

순간 예배당에 침묵이 흘렀다. 깊은 존경심에서 우러나는 침묵이었다. 어떻게 반응해야 할지 몰라서 모두 미동도 없이 가만히 앉아 있었다. 그때 앞서 시편을 암송한 배우가 무대로 나왔다. 그는 적절한 말을 찾으려고 잠시 머뭇거리더니 입을 열었다. "제가 목자의 시편을 안다면, 이분은 목자를 알고 있습니다. 그 사실에는 엄청난 차이가 있지요."

하나님에 대해서 아는 일과 하나님을 개인적으로 아는 일은 천지 차이다. 전자가 명성이나 악명을 가져온다면, 후자는 깊이를 가져온다. 그 차이를 깨닫고 잘 선택하기 바란다. 한 번의 결정이 엄청난 차이를 가져올 것이다.

행동 지침 ❼ | **영의 양식을 먹으라**

특징 08

모든 일의 끝이 영혼 구원인 교회

IRRESISTIBLE CHURCH

성경을 보면 천국에는 우리가 상상할 수도 없을 만큼 놀라운 광경과 소리가 있다. 그 모습에 우리는 무한한 경외심을 느낀다. 나는 다윗 왕과 대화하고, 에녹과 산책할 날을 고대한다. 천사장 미카엘과 가브리엘도 만나고 싶다. 또 하나님이 천국과 묘성, 삼성, 초신성, 북극광을 어떻게 만드셨는지도 알고 싶다.

천국에 가면 처음 100만 년 동안은 모든 것에 놀라서 충격과 감탄 속에 살게 되지 않을까 싶다. 금으로 된 길과 그룹들, 스랍들, 옛 성도들도 우리 눈을 사로잡을 것이다. 우리보다 먼저 하늘나라로 간 사랑하는 사람들과 오랜만에 조우하는 기쁨도 기대된다.

구름이 물러가고 나팔 소리가 하늘을 가를 때 우리의 심장이 얼마나 벅차오를까? 구원받은 수백만 백성의 커다란 함성이 하나님의 어린양을 향해 울려 퍼진다. 그때 약속의 주님이 빛나는 광채 가운데 나타나면 천사들도 눈부심을 참지 못해 눈을 가리리라.

문득 이런 찬송이 떠오른다.

우리 모두 천국에서
구주 예수님 다시 만날 때
승리의 찬양을
주님께 모두 드리자.[1]

숨이 멎는 황홀한 광경에 눈이 멀어서 수백 년이 순식간에 흘러갈 것이다. 그렇지만 우리가 두 번 다시 볼 수 없는 것이 하나 있다. 바로 '비그리스도인'이다. 그들은 어디에서도 찾아볼 수 없을 것이다.

사람들을 '용서하는 분'께로 인도할 기회는 지금 이 세상에만 있다. 하나님의 구원 계획에서 우리가 제 역할을 할 기회 역시 지금뿐이다. 우리는 하나님이 절실히 필요한 사람들에게 창의력을 발휘하여 복음을 전해야 하는 구원자 예수의 동역자로 초청받았다.

함께한다

하나님이 축복하시는 매력적인 교회의 여덟 번째 특징은 '모든 것이 영혼 구원과 연결된다'는 점이다. 교회의 모든 기능은 잃어버린 영혼을 구원함으로 그들이 신앙 안에서 성장하도록 돕는 일과 어떤 식으로든 연결되어 있다. 교회는 교회만의 음악과 패션, 식습관, 영화에 머무르면 안 된다. 우리는 세상을 지배하는 문화에 도전하는 반(反)문화적 작용을 함으로써 세상의 소금이 되어야 한다. 우리는 공동의 목적을 위해 모인 공동체 정도에만 머물러서는 안 된다. 그러자면 우리의 일에 항상 열정과 목적이 필요하다. 그 일에서 발생하는 영원한 결과 때문이다. 우리는 하나님을 사랑하고 섬기고 순종하는 삶으로 초청받았다. 하나님을 따르는 모험의 삶에는 사람들이 주 여호와를 발견하도록 돕는 일도 포함된다.

사역 초반에 우리는 영혼 구원에 집중하기로 결단했다. 수많은 사람이 예수 그리스도의 십자가로 말미암아 절망과 어둠에서 승리와 활력과 확신으로 변화하는 '추수하는 교회'를 지향했다. 우리는 많은 일 중에서 오직 한 가지로 유명해지기를 바랐다. 그것은 바로 "사람들을 구세주께 인도하는 교회"였다. 거창한 행사나 콘퍼런스를 개최하거나, 막대한 예산을 들여 그럴듯한 건물을 갖지 못하더라도 상관없었다. 교회 안에서 가장 중요한 일은 영혼을 구원하는 일이기 때문이다.

우리는 영혼 구원에 초점을 둔 교회 문화를 만들어 가고자 노력했다. 굳이 사람들의 양해를 구하지 않고, 공식적으로든 비공식적으로든 영혼 구원을 추진했다.

교회 초기, 한 봉사자와 나눈 대화가 문득 생각난다. 그는 예배를 준비하기 위해 이른 아침부터 강당에 나와 있었다. 당시 대형 스피커를 스탠드에 세웠는데, 회중이 가장 듣기 좋은 위치에 스피커를 두기 위해 그는 맨손으로 스피커를 들어 올렸다. 스피커 설치를 마친 봉사자에게 내가 물었다.

"본인이 무슨 일을 하고 있는지 아시죠?"

"스피커를 설치하고 있지요."

"과연 그게 전부일까요?"

"물론이죠. 제가 매주 이 일을 해온 지도 벌써 6개월이나 되었는걸요."

"형제님은 사실 스피커를 설치하는 일 이상으로 훨씬 많은 일을 하고 있어요."

그는 놀란 표정으로 물었다.

"하하. 목사님, 지금 하시려는 말씀이 뭐지요? 그럼 제가 하는 일이 뭔가요?"

"어쩌면 누군가가 평생 처음으로 듣는 것인지도 모를 복음을, 선명하고 잡음 없이 들을 수 있도록 섬기고 계시는 거잖아요. 형제님의 노력 덕분에 그 사람이 그리스도께 반응하고, 하나님의 용서와 구원을 받아들인다면 우리 모두에게 기쁜 일이죠. 저 혼자 사람들을 그리스도께 인도하는 게 아니라 우리 모두 함께하는 일이랍니다."

그는 환하게 웃었다.

"무슨 말씀이신지 알겠어요."

"사람들을 그리스도께 인도하는 일에 동참해 주어서 고마워요." 나는 손을 뻗어서 그에게 악수를 청했다.

이번에는 강당을 나와 주일학교 쪽으로 갔다. 환태평양 성경학교(Pacific Rim Bible College)를 다니는 자매가 체험 학습의 일환으로 유아부에서 봉사하고 있었다. 나는 그 자매에게 가서 물었다. "무슨 일을 하고 있어요?"

"아, 기저귀 갈고 있어요." 자매는 그렇게 대답하고 나서 고개를 돌려 나를 보더니, 다시 입을 열었다. "목사님, 참 엉뚱한 질문을 하시네요. 목사님도 애들을 키워 보셨잖아요. 제가 뭘 하고 있는지 뻔히 아시면서 그러세요. 하하."

"지금 자매는 기저귀 가는 일만 하는 게 아니에요."

자매는 코를 찡긋했다. "이래도 아니에요?"

"아니에요."

뭔가가 있는데 그게 뭔지는 모르겠다는 표정으로 지미가 물었다. "그럼 목사님, 제가 무슨 일을 하는 건가요?"

"자매에게 아이를 맡길 수 있으니, 아이 엄마가 아이에게 신경 쓰지 않고 자유롭게 복음을 들을 수 있지 않겠어요? 예배 후에 그 엄마가 하나님께 마음을 연다면, 그 일은 저 혼자 한 일이 아니에요. 우리가 함께한 거죠!"

자매는 미소를 지었다.

"사람들을 그리스도께 인도하는 일에 동참해 주어서 고마워요." 내가 악수를 청하며 손을 내밀자 자매가 나를 안아 주었다.

모두의 역할

교회의 모든 기능과 역할을 선교적인 측면에서 생각해 본 적이 있는가?

- 교회에서 계획하는 야유회, 캠프, 회식은 그 자체로 끝나지 않는다. 그것들은 모두 영원한 무언가를 이루기 위한 수단이다.
- 예배당에 오는 이들에게 손을 내밀며 인사하는 안내 위원들의 역할은 단순한 인사 차원으로 끝나는 게 아니다. 편하고 친근한 인사 덕분에 교회에 오는 이들의 마음이 복음을 향해 더욱 열리기 때문이다.
- 교회 야구 팀 역시 야구만 하는 게 아니다. 그것은 사람과 사람을 연결하여 영혼을 얻는 통로 역할을 한다.
- 중고등부는 학생들이 교회 안에 모여 즐겁게 노는 것에서 더 나아가 제자로 성장하는 공간이다.
- 주일 아침마다 커피를 준비하는 봉사자는 음료를 준비하는 역

할에서 나아가 사람들이 따뜻한 마음으로 복음을 듣게 한다.

모든 일은 서로 연결되어 있다. 누군가를 혼자 힘으로 그리스도께 인도하는 것이 결코 아니다. 누군가는 기도를 하고, 누군가는 복음을 전하고, 누군가는 믿음으로 반응한 사람에게 구원의 메시지를 전한다. 그러나 결신자가 마지막 결단을 내릴 때까지 보이지 않게 수고하는 그리스도인들을 기억하는 이들은 많지 않다. 그동안 수고한 모든 이들의 역할이 중요하다. 마태복음 28장 18-20절의 '지상 대명령'은 개인을 향한 명령인 동시에 공동체를 향한 명령이다.

그리스도인으로서 우리에게 주어진 목적이 무엇인지 기억하라. 우리의 역할은 이미 구원의 확신이 있는 사람들을 거듭 확신시키는 일이 결코 아니다. 언젠가 하늘 보좌 앞에 서서 하나님의 질문에 답해야 하는 날이 올 것이다. 성가대 인원이 몇 명이었는지, 교인들이 야유회를 좋아했는지, 교회 건물의 규모나 예산이 어느 정도였는지를 하나님이 질문하실 것 같지는 않다. 하나님이 하실 질문은 이것이다. "내 백성을 몇 명이나 내 집으로 인도했느냐?"

우리에게 주어진 시간은 지금뿐이다. 지금은 우리에게 주어진 마지막 기회다. 세상을 가슴 뛰게 하는 교회는 자신의 임무를 늘 기억해야 한다. 우리의 능력과 활동, 계획과 행동은 항상 영혼 구원과 연결되어야 한다.

생명을 살리는 구조대

성공회 신부인 시어도어 웨델(Theodore Wedel) 박사가 1953년에 발표한 글은 그리스도인들이 교회의 순기능을 이해하는 데 큰 도움이 된다. 자주 인용되는 이 글의 주제와 핵심을 잊지 않기 바란다.

종종 파선 사고가 발생하는 위험한 해안가에 작은 구조대가 있었다. 오두막에 불과한 건물에 배 한 척이 전부였지만, 헌신된 구조대원들은 끊임없이 바다를 주시했다. 사고가 발생하면 밤낮으로 실종자를 찾는 일에 열중했다. 구출된 사람들과 지역 주민들이 구조대에 관심을 보이자, 그들은 더욱 시간과 재정과 노력을 들여 헌신을 다했다. 새로운 배가 생기고 대원도 늘어나면서 구조대는 날로 성장했다.

그런데 대원 중 일부는 건물이 낡고 제대로 갖춰진 게 없다며 불만을 터뜨렸다. 바다에서 구출된 사람들이 안정을 취할 수 있도록 공간을 좀 더 편안하게 만들어야 한다고 생각했다. 그래서 야전 침대를 푹신한 침대로 바꾸고 건물 규모를 넓혔으며, 좋은 가구도 들여놓았다.

이제 구조대 건물은 회원들이 즐겨 모이는 장소가 되었다. 그들은 내부를 사교 클럽처럼 꾸몄다. 구조 임무에는 더 이상 관심이 없었다. 그들은 구조선에 탈 대원들을 따로 채용했다. 구조에 관련된 물품으로 내부를 장식하고, 클럽의 모태가 된 구명정도 실내에 두었다.

그러던 중 대형 선박이 파선하는 사고가 발생했다. 채용된 구조대원들은 물에 빠져 젖은 몸으로 떨고 있는 사람들을 구출해 왔다. 구출된 사람들은 지저분하고 몸 상태도 좋지 않았다. 아름답게 단장한 클럽은 혼란에 빠졌다. 위원회는 급히 클럽 외부에 샤워 부스를 만들어서 구조된 사람들이 몸을 씻고 난 다음에야 클럽 안에 들어오도록 했다.

이후에 열린 회의에서 클럽 회원들 사이에 의견이 분분했다. 클럽의 사교 활동에 방해만 되고 불쾌하기까지 한 구조 활동을 중단하자는 주장이 대부분이었다. 일부 회원들은 구조 활동이 클럽의 본래 목적이며, 클럽의 이름이 여전히 '구조대'라는 점을 강조했다. 하지만 의결에 부쳐진 결과, 파선당한 사람들의 목숨을 구하고 싶은 사람들이 따로 나가 구조대를 세우는 쪽으로 결론이 났다. 그래서 새로운 구조대가 결성되었다.

세월이 흘러 새로 세워진 구조대 역시 똑같은 일을 겪었다. 구조대는 클럽이 되었고 또 다른 구조대가 세워졌다. 역사가 되풀이된 것이다. 오늘날 이 지역에 가면, 해안가를 따라 세워진 수많은 사교 클럽을 발견할 수 있다. 그곳에서는 여전히 빈번한 파선 사고로 많은 사람이 익사한다.[2]

우리가 속한 구조대의 문을 활짝 열자. 밤낮 가리지 않고 바다를 주시하면서 실종자를 찾자. 교회는 그리스도를 필요로 하는 사람들을 맞이하는 곳이다. 모든 일의 초점을 영혼에 두고 사람들이 그리스도를 만나도록 돕자.

행동 지침 ❽   영혼 구원에 집중하라

특징 09

처음부터 끝까지 사랑만 있는 교회

IRRESISTIBLE CHURCH

나는 하와이 사람들과 하와이 문화를 사랑한다. 어떤 사람들은 나의 사랑이 편향적이라고 바라볼지도 모른다. 나는 포르투갈, 일본, 하와이의 혈통을 물려받았다. 증조부는 와이미아의 파커 목장에서 말을 타고 다니며 감시하는 '루나'(십장)로 일하셨다. 세월이 흘러서 아내와 나는 이 지역에 교회를 개척했다. 집에 있는 흑백사진을 보면, 다른 목장 사람들처럼 팔라카 체크셔츠를 입고 계신 증조부를 볼 수 있다.

우리는 와이미아에 세운 교회에 전임 목회자가 세워질 때까지 2년 동안 주일 저녁에 예배를 드렸다. 우리 부부는 주일 오후에 힐로에서 출발하여 하마쿠아 해변 도로로 와이미아까지

갔다. 끈끈한 바닷바람과 갓 수확한 사탕수수의 달콤한 냄새가 코를 자극하곤 했던 기억이 생생하다. 이따금 오토바이를 타고 가다 보면 주변에서 자라는 생강 냄새가 코를 찌르기도 했다. 이런 냄새가 수 마일 떨어진 거리까지 퍼지기도 했는데, 지금도 이 도로를 지날 때면 오랜 기억들이 되살아난다.

모든 이에게 활력을 주는 하와이의 싱그러운 꽃향기, 보기만 해도 피로가 싹 가실 만큼 숨 막히게 아름다운 자연도 멋지지만, 무엇보다 사람들을 하와이로 이끄는 것은 바로 하와이 사람들이다. 섬사람들의 따뜻한 알로하 정신은 하와이의 완벽한 날씨와 조화를 이룬다. 다양한 민족성과 언어가 혼합된 동서양의 조화 역시 하와이 사람들만의 독특한 향기를 만들어 낸다.

나는 하와이 사람들을 사랑한다. 그러나 그 사랑은 상당 부분 선택에 의한 것이었다. 나는 하와이에 계속 살지 않았다. 학업과 초기 사역은 태평양 북서부에서 했다. 물론 그 지역도 아름답긴 하지만 하와이와는 사뭇 달랐다. 내가 하와이에 오기로 결정한 지도 벌써 27년이 넘었다. 처음에는 여러 가지 이유로 결정을 망설이긴 했지만, 그보다는 하와이 사람들을 사랑하는 마음이 너무 컸기에 이곳으로 올 수 있었다. 처음 방문했을 때 느꼈던 사랑이 결코 사라지지 않았던 것이다.

사람들을 향한 사랑, 지역을 향한 사랑은 교회의 성장에 필수적이다. 당신의 교회는 지금 속한 지역을 얼마나 사랑하는가? 그 사랑을 점수로 표시한다면 얼마나 되는가?

능력의 근원

하나님이 축복하시는 매력적인 교회의 아홉 번째 특징은 '지역 사람들을 사랑'하고 그들에게 '복음을 전하도록 부름 받은 교회'다.

사랑에는 강한 동기를 부여하는 힘이 있다. 오래전 나에게 달리기에 대한 사랑(지금은 그 사랑이 약간 시들었다)을 심어 주신 크로스 컨트리 육상 코치님이 생각난다. 처음 육상 팀에 들어간 나는 기록을 잘 내려면 어떻게 해야 하는지 코치님께 여쭈었다. 좋은 신발을 사야 하는지, 몸에 딱 달라붙는 스판덱스 바지가 필요한지, 기능이 다양한 스포츠 시계가 필요한지 등이 궁금했던 것이다.

"네가 말한 것과는 전혀 상관없어. 가장 필요한 건 달리기를 사랑하는 거야. 밖에 나가서 이른 아침 해가 뜰 때나 저녁에 해가 질 때 기분 좋게 달리는 거지. 신선한 공기를 마시면서, 전에는 그냥 지나쳤던 공원에도 가 보는 거야. 경기에서 이기겠다는 생각만으로 달리면 금방 싫증 나지만, 달리기가 좋아서 하면 누가 시키지 않아도 달리고 또 달리게 될 거야."

그리스도인의 삶에도 똑같은 원칙이 적용된다. 우리는 여러 가지 동기로 그리스도를 섬긴다. 물론 죄책감처럼 우리에게 좌절감이나 의무감을 일으키는 감정으로 섬기기도 한다. 다음 말씀은 놀라운 사실을 알려 준다.

그리스도의 사랑이 우리를 강권하시는도다 고후 5:14

사랑에는 자유와 능력이 있다. 누군가를 깊이 사랑하면 기쁘게 섬긴다. 금세 식거나 타 버리지 않는 지속적인 열정에서 행동이 우러나온다.

고린도전서 13장에 바로 그런 사랑이 나온다. 인내와 친절과 양선, 그리고 섬김의 사랑이다. 이 사랑을 한마디로 말하면 긍휼이다. 어려움에 부닥친 사람들을 돕는 이 사랑을 예수님은 몸소 실천하셨다. 다음 말씀을 보자.

맹인 두 사람이 길가에 앉았다가 예수께서 지나가신다 함을 듣고 소리 질러 이르되 주여 우리를 불쌍히 여기소서 다윗의 자손이여 하니 무리가 꾸짖어 잠잠하라 하되 더욱 소리 질러 이르되 주여 우리를 불쌍히 여기소서 다윗의 자손이여 하는지라 예수께서 머물러 서서 그들을 불러 이르시되 너희에게 무엇을 하여 주기를 원하느냐 이르되 주여 우리의 눈 뜨기를 원하나이다 예수께서 불쌍히 여기사 그들의 눈을 만지시니 곧 보게 되어 그들이 예수를 따르니라 마 20:30-34

예수님은 긍휼을 베풀어 그에게 기적을 행하셨다. 이처럼 행동으로 표출된 사랑은 놀라운 능력을 발휘한다.

사랑으로 시작한 일

당신과 당신 교회에 지역과 사람들을 향한 사랑이 없다면 어떻게 해야 할까?

한번은 하와이에서 교회를 개척하려고 생각 중인 사람과 전화 통화를 했다. 우리는 니미츠 고속도로에 있는 샘 초이스(Sam Choy's) 식당에서 만나 자리를 잡고 음식을 주문했다. 나는 평소처럼 포르투갈 소시지에 계란과 밥을, 그는 오트밀을 시켰다. 나도 같은 걸 시킬까 했지만, 다이어트는 내일부터 하리라 다짐했다. 간단히 인사를 나누고 나자 그가 말을 꺼냈다.

"저희 교단은 이 지역에 대표 교회가 없습니다. 교단에서는 막대한 예산을 들여서 교회를 개척할 의향을 갖고 있는데, 저더러 이 지역에 와서 교회를 개척하라고 합니다. 목사님 생각은 어떠십니까?"

"교단에서 교회 개척에 아낌없이 투자한다니 고마운 말씀인데요, 한 가지만 여쭤 봅시다. 목사님은 아시아계와 폴리네시아계 사람들을 사랑하십니까?"

"그들은 지구상에서 가장 살기 좋은 곳에 사는 사람들 아닙니까? 하와이는 그야말로 천국이지요. 제 아이들은 해변을 매우 좋아합니다."

나는 "저도 동감합니다"라고 답하고 나서, 다시 한 번 질문했다. "이 지역 사람들을 사랑하십니까?"

"네, 물론입니다. 주말이면 해변에서 시간을 보내는 가족들의 모습이 정말 보기 좋습니다. 제가 지금 사는 지역은 봄이 올 때까지 일 년에 여섯 달은 집 안에 있어야 되거든요."

그가 아직 내 질문을 이해하지 못한 듯해서 다시 물었다.

"이곳 사람들을 사랑하십니까?" 나는 '사람들'이란 단어에 힘을 주면서 천천히 말했다.

"무슨 말씀이신지요?" 그는 무슨 대답을 원하는지 모르겠다는 표정이었다.

"이곳 사람들은 충분히 사랑받을 자격이 있습니다. 이곳 사람들의 관습을 아십니까? 이 섬의 역사는요? 이곳 사람들은 공원에서 낮잠도 자고 오랜만에 만난 친구와 길 한복판에서 한참을 얘기하곤 하지요. 김치 좋아하십니까? 포이라는 토란 요리는요? 하우피아라는 디저트는 아십니까? 필리핀식 만두인 룸피아는요?"

그는 마치 외계어를 듣는 듯 나를 이상하다는 눈빛으로 쳐다봤다. "뭐, 음식은 문제없습니다. 집 근처 중국집에도 가끔 가는 걸요."

나는 웃으면서 이렇게 말했다. "이곳에 또 다른 교회는 필요 없습니다."

그러자 그가 믿지 못하겠다는 표정으로 나를 보았다. "이곳에는 하와이 사람들을 사랑하기로 선택한 기독교 리더들이 필요합니다. 제 생각은 이렇습니다. 섣불리 교회를 시작하지 마십시오. 먼저 벽에 하와이 지도를 붙여 놓고, 이 도시를 위해 기도하십시오. 여러 거리들을 직접 걸으며 거리 이름을 어떻게 읽는지 익히세요. 시간을 내어 사람들을 사귀고, 그들을 있는 그대로 사랑하는 방법을 배우세요. 그들이 먹는 음식, 그들의 관습, 그들의 생활방식도 사랑하셔야 합니다. 하와이로 오시겠다면, 그리스도의 이름으로 이곳 사람들을 사랑하겠다는 동기가 있어야만 합니다. 일하기 위해서, 또는 교단의 기대에 부응하기 위해서, 또는 날씨 때문에 오시면 안 됩니다. 만일 목사님이 그저 사람들을 사랑하기 위해 오신다면, 사람들 역시 목사님께 사랑을 표현할 겁니다."

안타깝게도 내 조언은 타이밍이 너무 늦었다. 일이 급속도로 진행되어, 그가 2개월 만에 하와이로 이사를 온 것이다. 그는 교단의 요구대로 최선을 다했지만, 결국 교회는 3년 만에 문을 닫았다. 그는 결국 남은 항공권으로 본토에 돌아갔다.

\ 지도를 보며 걷기 /

교회는 먼저 그리스도의 사랑으로, 그다음은 지역을 향한 사랑으로 사역해야 한다. 이 사명은 그리스도의 가르침과도 일맥상통한다.

마태복음 22장 35-40절을 보자. 한 율법학자가 예수님께 가장 큰 계명이 무엇인지 질문하자, 이렇게 대답하셨다.

> 예수께서 이르시되 네 마음을 다하고 목숨을 다하고 뜻을 다하여 주 너의 하나님을 사랑하라 하셨으니 이것이 크고 첫째 되는 계명이요 둘째도 그와 같으니 네 이웃을 네 자신같이 사랑하라 하셨으니 이 두 계명이 온 율법과 선지자의 강령이니라 마 22:37

하나님을 사랑하라. 이웃을 사랑하라.
이 단순한 진리가 모든 일의 기본이다.

하나님에 대해 배우려는 목적으로만 교회에 참석하는 사람부터 목사님의 지시에 따라서만 이웃을 돕는 사람, 세상의 공급 체계가 불공평하다는 생각으로 노숙자들에게 음식을 제공하는 사람, 부모님이 예배드리는 동안 재미있는 놀잇거리를 찾아서 학생부 예배에 오는 학생 등. 이들은 머지않아 그나마 있던 열정마저 잃게 될 것이다. 사역에 도움이 될 지속 가능한 최고의 동기는 '사랑'이다. 우리의 섬김은 하나님을 사랑하고 이웃을 사랑하려는 동기에서 출발해야 한다. 사랑 없이는 힘과 능력, 동기가 오래가지 않는다.

인생의 많은 부분이 마찬가지다. 이렇게 생각해 보자. 우리는 좋아하는 일에 기꺼이 시간과 노력을 들인다.

예를 들어, 며칠 전 나는 긴 하루를 마치고 집에 돌아와 소파에서 휴식을 취했다. 너무 피곤해서 움직일 여력이 없었다. 그런데 문득 이런 생각이 들었다. '오토바이를 못 탄 지 벌써 몇 주째가 되었네. 나가서 호수나 한 바퀴 돌고 올까?' 나는 새로운 의욕을 가지고 일어나 오토바이 시동을 걸었다. 오토바이 타는 걸 좋아했기에 힘이 난 것이다. 오토바이를 향한 사랑이 소파에서 쉬고 싶은 생각을 이겼다.

앞의 목회자에게 했던 조언은, 사실 내가 호놀룰루에서 교회를 개척하기 전에 실천했던 일이다. 나는 가로 3m, 세로 1m 되는 지도를 사무실 벽에 붙여 놓고, 6개월 동안 매일 지도 앞에 섰다. 나는 머릿속으로 거리를 걸으며 사람들을 위해 기도했다. 거리마다 손으로 짚어가면서 기도를 하다 보니, 언제부터인가는 그 지역 사람들을 위해 울게 되었다. 아직 아무도 모르는 상태였으나 호놀룰루로 이주하기 전부터 이미 머릿속에서는 도시 곳곳을 걸어 다니고 있었다. 나는 기도하면서 사람들을 알았고 그들의 필요를 알았으며, 그들의 고통과 좌절을 함께 느꼈다. 지도를 보다가 어떤 주택 지구가 눈에 들어오면 그곳 사람들을 위해 기도했다. 시간이 흐를수록 하나님은 그곳 사람들을 향한 열정과 공감의 마음을 주셨다.

이 원칙을 교회의 각 영역에 적용하여 다음 질문에 답하라.

- 당신은 하나님을 사랑하고 이웃을 사랑하기 때문에 지금 그 교회에 다니는가? 아니면 교회에서 무언가를 얻기 위해 다니는 것인가?

- 당신은 그리스도를 깊이 사랑하고 사람들을 사랑하기 때문에 그 지역에서 사역하는가?
- 당신의 교회는 그리스도를 향한 사랑과 이웃을 향한 사랑으로 모든 일을 결정하고 실천하는가? 사역의 기초가 사랑인가?

진정한 사랑은 우리 마음을 감독하고 동기를 점검하며, 행동을 지배하고 썩은 가지를 잘라낸다. 믿음을 행동으로 바꾸고 신념과 행동의 격차를 좁히며 우리가 믿음대로 살도록 돕는다.

멈추지 마십시오

나이가 들면서 나는 하고 싶은 일만 하려고 하는 나 자신을 보게 된다. 그렇다고 하는 일을 줄이거나 골라서 일하는 것은 아니다. 무슨 일이든 더욱 마음을 쏟고 싶다. 새로운 프로젝트를 진행하게 되면 그 일을 향한 주님의 마음을 부어 달라고 기도한다. 주님이 주시는 마음이 아닌 다른 동기로 하는 일에는 공허함과 피곤함만 남기 때문이다.

하나님께 순종하는 것이 당연한데도, 우리는 종종 사랑이 아닌 다른 마음으로 순종하고 섬길 때가 있다. 모세와 요나의 경우가 그랬다. 모세는 이스라엘 백성을 이끌고 약속의 땅으로 가라는 부름을 받았으나, 하나님께 다른 사람을 보내시라고 불평했다. 요나는 니느웨 사람들에게 하나님의 뜻을 전해야 함에도 다른 곳으로 도망쳤다. 결국 모세와 요나는 순종했지만, 마지못해서 했다.

분명 언젠가 하나님이 우리의 순종을 시험하실 때가 올 것이다. 지금 당신이 처한 상황이 그렇다면, 당신 혼자만의 경우가 아님을 기억하기 바란다. 동일한 경험자들이 매우 많다.

하나님을 향한 당신의 순종은 사랑의 형태를 띠어야 한다. 하나님은 그분의 계획에 따라 당신이 순종하는 기간 동안 당신에게 견딜 수 있는 힘을 주신다.

나는 우리 교회를 사랑으로 섬기고 있지만, 순종의 마음으로 마지못해 섬겼던 시절도 있다. 그럼에도 하나님은 나에게 힘을 주셨다. 이따금 보상도 주어졌다.

몇 년 전에 한 교인으로부터 받은 편지를 잊을 수가 없다. 익명으로 온 편지라서 누가 보낸 것인지는 모르지만, 평생 감사하고자 하는 마음으로 편지를 액자에 넣어 사무실에 두었다. 나는 매일 그 편지를 들여다보면서, 사랑은 믿음을 확신으로 바꾸며 마음에 품은 것을 행동으로 직접 실천하게 해준다는 사실을 기억한다.

사랑과 순종으로 주님을 섬기는 모든 사람을 위해 편지 내용을 소개하겠다. 편지에서 당신이라는 부분에 본인의 이름을 넣어도 괜찮다.

당신이 마음에 예수님을 모셨기에 지금의 제가 있습니다. 당신이 그 부르심에 순종했기에 지금의 제가 있습니다. 당신이 배우자에게 충실했기에 지금의 제가 있습니다. 당신이 숱한 싸움 중에도 하나님의 승리를 믿었기에 지금의 제가 있습니다. 당신이 타협을 거부했기에 지금의 제가 있습니다.

오직 '나'만을 외치는 교인들을 위해 당신의 삶을 바친 것에 감사합니다. 그 노력을 멈추지 마십시오. 당신은 우리에게 모범을 보이셨습니다.

행동 지침 ❾ ┆ 사랑을 위해 기도하고 하나님의 사랑으로 사역하라

특징 10

위험마저 기쁨으로 뛰어드는 교회

위험을 감수하라고 요구하시는 하나님과 씨름한 적이 있는가? 주님은 힐로에서 사역하는 나에게 다른 지역으로 가서 모든 일을 처음부터 시작하라고 하셨다. 사실 별로 순종하고 싶지 않았다. 그때 나는 벌써 42세였고, 힐로에 거주한 지도 11년이었다. 적은 수로 시작한 교회의 성도수는 어느덧 2천 명이 넘었다. 나는 힐로에 많은 걸 투자했었기에 떠나고 싶지 않았다.

나는 거의 1년 동안 하나님과 씨름했다. 혹시 그분의 음성을 잘못 들었나 싶기도 했다. 경험에 의하면 다른 사람의 지혜를 구하는 것이 확신을 얻는 데 도움이 되었으므로 장로님께 조언을 구했다. 장로님은 이렇게 조언하셨다. "들으신 음성이 틀렸다면 좋은 일입니다. 계속 우리 교회에 계실 테니까요. 하지만 그 음성이 맞아도 역시 좋습니다. 다른 곳에서 교회를 개척하시면 하나님 나라에 큰 유익이 되니까요."

나는 금식기도를 하면서 말씀에 집중했다. 다른 그리스도인들의 지혜도 구했다. 특히 아내와 많은 이야기를 나눴다. 그러나 1년이 지나도 하나님의 음성은 늘 동일했다. 하나님은 400km 정도 떨어진 지역에서 내가 처음부터 다시 시작하기를 바라셨다. 그것은 또 다른 뉴 호프 교회를 개척하는 일이었다.

하나님의 말씀이 분명하다고 확신한 나는 교회 임원인 마리 부부에게 내 생각을 전했다. 그들은 예배를 마친 후 우리 집에 방문하여 차 안에서 기다리고 있었다. 내가 차창 너머로 상황을 설명하자, 마리의 반응은 단호했다. "말도 안 돼요. 아직은 때가 아니에요. 목사님이 떠나기에는 교회가 아직 덜 준비되었어요. 잘못 들으신 걸 거예요." 그러더니 갑자기 보이지 않는 무언가에 얻어맞은 듯 흐느끼며 울기 시작했다. 혹시 나 때문에 기분이 상했나 싶어서 당황스러워하자, 마리가 손을 저으며 말했다. "목사님 때문에 속상해서 우는 게 아니에요. 제가 말을 마치자마자 성령님이 잘못 들은 사람은 바로 저라고 알려 주셨어요. 장차 있을 그분의 일을 방해하지 말라고 하셨어요. 목사님 생각에는 큰 위험을 감수해야 하는 일로 보이겠지만 하나님 생각은 달라요. 그분은 우리의 믿음을 보시죠. 우리 모두 목사님이 그립겠지만 축복하며 보내 드려야겠네요."

마리의 말은 지금까지도 내 머릿속 깊이 남아 있다. 마리의 말을 들으니 든든했다. 우리가 주님을 위해서 감수하는 위험을 두고, 하늘은 이를 '믿음'이라고 한다. 우리 눈에 위험은 불안하고 두렵지만, 하나님의 뜻 안에 있으면 위험마저도 안전하다.

　복음을 위해 헌신하라는 부르심을 느끼는가? 지금은 편하고 안정되며 만족스럽지만 머잖아 변화가 일어날 것이다. 새로운 시작이 두렵겠지만, 하나님이 부르신 길만큼 안전한 길은 없다.

주님과 걷는 길

　하나님이 축복하시는 매력적인 교회의 열 번째 특징은 '위험을 감수하는 교회'다. 여기서 말하는 위험이란 교회가 하나님 나라를 세우기 위해 믿음의 걸음을 내딛으며, 하나님이 인도하시는 대로 순종하는 일을 말한다. 위험을 감수하는 일이 처음부터 좋을 수는 없다. 교회가 새로운 일을 시작하려고 하면 일부 교인들은 불만이나 불편한 마음을 표현한다. 왜 굳이 안정과 편안함을 포기하느냐고 반문한다. 처음에는 그들의 논리도 일리 있게 들린다. 교회를 보면 모든 일이 순조롭다. 주일예배도 안정적이고 건물도 잘 관리되며, 가을마다 열리는 여성 수련회나 학생부가 매년 치르는 멕시코 단기선교 역시 원만하게 진행된다. 잘 돌아가는 일을 굳이 뒤엎고 싶은 사람이 어디 있겠는가?

위험을 감수하는 것은 이제 막 걸음마를 배우는 아기에 비유할 수 있다. 걸음마를 배우는 아기는 서 있기조차 어렵다. 넘어졌다 일어섰다 휘청거리다 넘어지고, 다시 일어서기를 반복한다. 마침내 두 발로 서긴 하지만, 앞으로 걸어가려면 지금 자세를 흐트러뜨려야 한다. 힘들게 노력해서 겨우 섰는데, 균형을 무너뜨리는 위험을 다시 감수해야 하는 것이다. 그러나 그래야만 첫발을 내디딜 수 있다. 앞으로 걸어가려면 균형을 깨뜨려야 한다. 이는 성장을 위해 필수적이다. 물론 아이는 한곳에 서 있기만 해도 좋겠지만, 가만히 서 있기만 하면 결코 걷지 못한다.

우리도 마찬가지다. 위험을 감수하지 않는 교회는 성장하지 못한다. 하나님 나라를 세우기 위해 편안함과 안정을 기꺼이 포기하면 영적으로 성장한다. 위험을 감수하는 교회는 살아 있는 믿음이 무엇인지 안다. 우리의 소명은 안정이 보장된 목적지에 도달하는 것이 아니라, 끊임없이 성장하고 변화를 추구하면서 여행하는 것이다. 믿음으로 살려면 삶의 안정을 기꺼이 포기하는 용기가 필요하다.

성령의 인도

여기서 위험이란 계획 없는 불안한 삶을 의미하지는 않는다. 우리가 말하는 위험은 성령의 인도에 대한 반응이다. 성령은 우리에게 "이 사람들에게 전도해라. 이 방법을 시도해 봐라. 더욱 큰 영적 영향력을 위해 이 프로그램을 없애라. 전보다 더 깊이 나를 배워라"고 말한다. 위험은 제자도의 행위이며, 하나님을 사랑하고 섬기며 경배하고, 순종하며 따르는 행위다.

그러면 하나님의 인도를 어떻게 분별해야 할까? 위험을 감수해야 하는 모든 일은 하나님의 말씀에 나오는 원칙들과 일맥상통한다. 하나님은 경계가 분명한 일에 대해서까지 우리의 행동을 요구하시는 분이 아니다. 예를 들면, 복음전도의 차원에서 비그리스도인과 결혼하라고 강요하시는 일은 없다. 고린도후서 6장 14절에 이와 관련된 주님의 명령이 나온다. 교회에서 예수님은 하나님이 아니라거나 하나님이 악하다고 가르칠 리도 없다. 성경만 보면 무엇이 사실인지 바로 알 수 있다.

성령의 인도가 성경의 원리와 일치한다면, 그다음은 직감으로 분별해야 한다. 이때 필요한 직감을 알아보자. 먼저 그리스도와의 관계가 매우 중요하다. 성령은 우리가 앞으로 나가도록 지금 있는 곳을 불편하게 만드신다. 현 상태가 불안하게 느껴지고, 무언가에 대한 갈망이 커진다. 특정 사람들이나 지역, 단체와 일하고 싶다는 강한 열망이 생긴다. 노숙자에 대한 마음이 부어지거나 사회 정의에 대한 열정이 생긴다. 우연으로 넘기기에는 심상치 않은 일이 벌어진다. 누군가를 위해 기도하는데 갑자기 그 사람에게 전화가 온다거나 기도해 왔던 내용이 담긴 편지나 메시지를 받는다.

어떤 이들은 주관적이라는 이유로 하나님과의 관계에서 직감을 불편하게 여기기도 한다. 그들은 성공이 보장된 일, 그리고 분명한 공식과 계획을 원한다. 그러나 주님은 우리에게 성경의 가르침을 따라 그분의 임재를 직감적으로 감지하라고 말씀하신다. 주님은 우리가 날마다 그분과 깊이 교감하기를 원하신다. 매일 성경을 읽고 기도하며 묵상하는 시간이 개인의 신앙생활에서 필수적인 이유가 여기에 있다. 정기적인 기도 모임이나 교인들이 모여서 주님의 뜻을 구하는 시간도 매우 중요하다. 위험을 감수하는 교회는 그리스도와의 진정한 관계를 바탕으로 성령의 인도를 따른다.

우리가 주님을 위해서 치르는 위험의 결과가 우리의 기대와 다를 때도 있다. 그렇지만 위험을 감수하지 않으면 하나님의 말씀과 인도가 맞는지조차 알 수 없다. 물론 하나님의 인도를 잘못 해석한 탓에 우리 생각과 다른 결과를 경험할 때도 있다. 우리는 끊임없이 하나님의 음성을 듣는 방법을 배워야 한다. 그리스도와의 관계를 바탕으로 순전한 걸음을 내디뎠어도 그분의 인도하심에 대한 확신이 없다면 두 가지를 기억하자.

첫째, 하나님은 우리의 순종과 행동을 기뻐하신다. 둘째, 하나님을 사랑하는 자, 곧 그분의 뜻대로 부르심을 입은 자들에게는 모든 것이 합력하여 선을 이룬다(롬 8:28). 하나님이 생각하시는 성공과 결과가 우리의 생각과 다를 때가 있다. 핵심은 결과가 아니라 신실함이다.

위험 감수의 5단계

교회가 위험을 감수하려면 최소한 다음 다섯 단계를 거쳐야 한다. 각 단계를 수행하다 보면, 위험이 모험으로 변할 것이다.

1단계. 기대하라

하나님이 어떤 영역에서 인도하신다면, 앞으로의 일을 기대하며 에베소서 3장 20절을 마음에 새기라. 하나님은 "우리가 구하거나 생각하는 모든 것에 더 넘치도록 능히 하시는" 분이다. 미리부터 두려워하며 치러야 할 대가를 생각하거나 사람들의 반응이나 생각을 걱정하지 마라. 그런 생각들은 꿈을 죽인다. 또한 우리의 믿음을 파괴하며 행동을 주저하게 만든다. 큰 꿈을 꾸자. 가족에 대해, 결혼에 대해, 이번 주 주일학교에 대해 최상의 시나리오를 생각하자. 우리가 큰 꿈을 꾸면 하나님은 이렇게 말씀하신다. "네가 최상의 시나리오를 생각하니까 보기 좋구나. 하지만 내 꿈은 그보다 훨씬 크단다."

2단계. 그림을 그리라

기대함으로 꿈을 꾼 다음에는 구체적인 모양을 그려 본다. 너무 지나치게 큰 꿈은 지금 당장 이루기가 어려울 수 있다. 앞에 놓인 비전이 감당하기 벅찰 정도일 때는 하나님이 "네 말이 맞다. 너 혼자서는 할 수 없어. 하지만 나의 계획에 네가 '예'라고 응답하면 너를 더욱 성장시켜 주마. 이 일을 마치면 다른 사람(교회)이 되어 있을 거야"라고 말씀하신다.

꿈을 현실로 이루기 위해서는 많은 도움이 필요하다. 주위를 둘러보라. 그리고 지금 당신에게 주어진 것을 보라. 가능성 있는 리더, 진행 중인 프로그램이나 사역, 할 일이 필요한 사람들, 이미 알고 있는 연락처, 아직 쓰지 않은 예산이나 시설 등을 사용하면 된다. 지금 당장 사용할 수 있는 자원을 총동원하라.

교회라면 재정에 대한 의존을 최소한으로 하면서 하나님의 뜻을 실행하기 바란다. 은행 계좌보다 비전이 훨씬 클 때는 비전을 줄이고 싶은 유혹이 생기기 마련이다. 그럴 때는 상상력을 동원하여 기발한 아이디어를 고안해 보자. 가능한 자원들을 모아서 맥가이버처럼 일을 처리해 보자. 당신의 주변을 둘러보라. 비전을 달성하는 데 필요한 재능과 자질을 가진 사람이 있지 않은가? 사람들을 모으라. 성령이 새로운 지경을 허락하시도록 기도하자.

3단계. 믿음의 드림팀을 구성하라

비전을 홀로 이루는 경우는 드물다. 우리는 그리스도의 몸에 속한 지체이므로, 나는 믿음의 동역자들을 모아서 그들과 함께 비전을 나눈다. 혼자 비전을 품기보다는 사람들과 공유하는 편이 좋다. 게다가 하나님의 음성을 함께 들으면 실수를 줄일 수 있다. 나의 경우, 나보다 지혜로운 사람들을 모아서 앞에 놓인 일에 대처한다. 단, 구성원을 고를 때는 신중해야 한다. 믿음이 필요한 상황에서는 함께 믿음을 발휘해야 하기 때문이다. 꿈을 죽이는 사람들을 팀에 포함하지 않도록 주의하라.

4단계. 행동 방향을 정하라

물론 인내심과 신중함, 주님 안에서의 기다림도 필요하지만, 어느 순간이 되면 행동해야 한다. 주님의 뜻을 구하면서 앞으로 나가는 것이다. 야고보서 2장은 믿음의 중요한 특징을 '행함'이라고 말한다. 함께 꿈을 꾸고, 그 꿈에 대해서 말하고 노래하며 기도하고, 곡을 만들어 콘퍼런스까지 열지만 실질적인 행동은 전혀 하고 있지 않을 수도 있다. 특히 복음전도가 그렇다. 전도에 대한 콘퍼런스, 세미나, 훈련을 열지만 실제로 전도를 하지는 않는다. 그렇다고 훈련을 마친 뒤에 나가서 전도를 하는가? 그렇지 않다. 또 다른 전도 학교에서 리더로 섬길 뿐이다. 행동에 박차를 가하여 위험을 감수하고 마음을 쏟으라. 나가서 행동하라.

5단계. 계속 행동하라

점검과 평가는 비전을 실행하는 데 필수적이다. 여러 과정을 거치다 보면 꿈을 포기하고 싶은 유혹도 받게 될 것이다. 그럴수록 처음의 결단을 유지하라. 결단할 때의 감정이 이미 오래전에 사라졌더라도 계속 행동하는 것이 관건이다.

대추수를 향한 기대

전부터 우리 교회는 하와이의 교도소 수감자들을 위한 사역의 필요성을 느꼈으나, 막상 어떻게 해야 할지 방법을 몰랐다. 일단 교도소 사역 자체가 안전해 보이지 않았다. 그렇지만 이 사역에 대한 하나님의 부르심이 확실하기에 우리는 기도했다.

라디오에 방송되는 우리 교회 예배를 매주 청취하는 수감자들이 있다는 말을 들었지만, 우리가 할 수 있는 일이 무엇인지는 몰랐다. 교회 인원과 재정은 모두 이미 다른 곳에 사용되고 있어서, 여유가 없었다. 우리는 주님의 부르심을 분별하게 해 달라고 계속 기도했다.

시간이 흘러, 한 수감자가 라디오 예배를 통해 그리스도를 영접했다는 소식이 전해졌다. 그의 이름은 로이 야마모토였는데, 첫인상이 다소 위협적이었다. 195cm의 키에 몸무게가 113kg인 거구였다. 그는 강도와 약물, '도박채무변제' 대리 혐의로 수감 중이었다. 그는 마권업자들의 오른팔이 되어 채무를 이행하지 않는 사람들에게 본때를 보여 주는 역할을 했다.

4년형을 마친 로이는 우리 교회 주일예배에 참석하기 시작했다. 로이는 안내 위원으로 열심히 섬겼다. 예수님은 그의 삶을 완전히 바꾸셨다. 교도소 사역에 대한 부담감을 지속적으로 느꼈던 우리는 마침내 위험을 감수하기로 했다. 나는 로이에게 수감자 사역을 해보면 어떻겠냐고 제안했다.

"말도 안 됩니다, 목사님! 제가 사역이라니요? 저는 성경도 못 가르쳐요. 더구나 글도 몰라요."

"성경을 읽을 수 있게 과외 선생님을 붙여 줄게요. 우리 교회 사역자로 채용해서 사례비도 드리지요. 일단 글을 배워 사역을 시작해 볼래요?"

로이는 잠시 생각하더니 나를 보며 말했다. "하나님이 기뻐하실 거 같네요. 한번 해보죠, 뭐."

아무도 결과를 예측하지 못했다. 전과자를 사역자로 채용하는 일은 그 어디서도 쉽게 찾아볼 수 있는 전례가 아니었다. 그러나 우리는 시행했다. 로이는 글을 배워, 사역을 시작했다.

위험을 감수한 결과, 우리는 풍성한 추수를 거둘 수 있었다. 로이의 기꺼운 도전과 주님의 도우심으로 우리의 교도소 사역은 하와이 주의 모든 교도소와 애리조나 주, 텍사스 주까지 확대되었다. 매년 개최되는 수감자 자녀들을 위한 여름 캠프에 참가한 아이들의 80%가 그리스도께 삶을 헌신한다. 한 교도소장은 1시간 분량의 캠프 영상을 교도소 내부 방송으로 내보내도록 허용했다. 그는 로이의 사역이 수감자들의 문화를 변화시키는 데 얼마나 크게 기여했는지 우리 교회에서 간증하기도 했다.

여러 교도소에 새로운 교회들이 세워지고 있다. 인근의 여성 교도소는 주일예배 참석자 수가 너무 많아서, 예배를 2부로 나눠 드릴 정도다. 수감자 자녀들을 위해 열린 최근 행사에는 5천 명이 넘는 아이들이 참여했다.

우리가 위험을 감수한 모든 일이 좋은 결과를 맺으면 좋겠지만, 꼭 그런 것만은 아니었다. 그래도 나는 다시 할 기회가 주어진다면 곧 다시 시작할 것이다.

나는 마태복음 13장에 나오는 씨 뿌리는 자의 비유를 읽을 때마다 큰 위로가 된다. 씨 뿌리는 사람이 대추수를 기대하며 밭에 씨를 뿌렸는데 일부는 길가에, 일부는 얕은 돌밭에, 일부는 가시떨기 위에, 일부는 좋은 땅에 떨어졌다. 시간이 지난 후 추수할 때 보니 네 군데 중 한 땅에서만 결실을 맺었다.

이 원리대로면 우리가 사람들의 삶에 뿌린 영적인 씨앗이 결실을 맺을 확률은 4분의 1이다. 그다지 높은 비율은 아닌 것이다. 그러나 성경은 작은 씨앗이 큰 결실을 낸다고 말한다. "좋은 땅에 뿌려졌다는 것은 곧 말씀을 듣고 받아 삼십 배나 육십 배나 백 배의 결실을 하는 자니라"(막 4:20).

우리는 많은 씨를 뿌리고, 많은 위험을 감수해야 한다. 내가 우리 교회 사역자들과 봉사자들에게 자주 하는 말이 있다. "내일 큰 수확을 원한다면 오늘 많은 씨앗을 뿌려야 한다."

모든 땅에서 결실을 얻을 수 없다고 해서 씨앗을 아껴서는 안 된다. 큰 수확을 기대하며 큰 위험을 감수하자.

행동 지침 ⑩ 위험에 도전하라

특징 11

나보다 남을 생각하는 교회

새로 부임한 학생부 목사는 자기 귀를 의심했다. 이제 막 일을 시작한 지 2주밖에 안 된 그의 사무실에 담임목사님이 찾아와 '특별 임무'를 도와달라고 부탁하신 것이다.

그는 특별 임무가 무엇인지 궁금해서 참을 수가 없었다. 이제 신학교를 갓 졸업한 터라, 학교에서 배운 실력을 발휘할 기회만 기다리던 그였다. 목사님이 설교 준비에 도움이 필요하신가? 헬라어 동사를 분석하느라 애쓰고 계신가? 아니면 대규모 행사를 계획하시나?

그는 입가에 미소를 지으며 담임목사실이 있는 반대편 건물로 서둘러 걸어갔다. 사무실에 도착해 보니 목사님은 한 손에

삽을, 다른 손에 휴지통을 들고 비옷을 입은 채로 서 계셨다.

"무슨 일로 부르셨습니까?"

"목사님, 비옷 있어요? 비옷을 가지고 오시라고 할 걸 그랬네요. 비가 오면 주차장 배수관이 막히거든요. 쓰레기통을 들어줄 사람이 필요해서 오시라고 했어요. 진흙을 퍼내려고요."

그리스도를 따르는 길에서 중요한 것은 영광이나 박수갈채가 아니다. 사람의 궁극적인 목적은 하나님을 영화롭게 하고, 영원히 그분으로 만족하는 것이다. 그러자면 팔을 걷어붙이고 필요한 일을 하면서 즐거움을 찾을 줄도 알아야 한다.

중요한 임무

하나님이 축복하시는 매력적인 교회의 열한 번째 특징은 '겸손'이다. 야고보서 4장 10절의 가르침을 따르는 교회는 스스로 낮춤으로써 때가 되면 하나님이 높여 주시는 일을 경험한다. 베드로전서에 동일한 가르침이 나온다.

> 하나님은 교만한 자를 대적하시되 겸손한 자들에게는 은혜를 주시느니라 그러므로 하나님의 능하신 손 아래에서 겸손하라 때가 되면 너희를 높이시리라 벧전 5:5-6

겸손이란 하나님이 어떤 분이신지 알고 우리가 누구인지를 기억하는 것이다. 그리스도인이 절대로 잊지 말아야 할 임무가 있다. 많은 일에 파묻히다 보면 정작 해야 할 일을 잊기 쉽다. 우리는 하나님을 섬기며 의미 있는 일에 삶을 헌신하도록 부름 받았다. 물론 의미 있는 일이 종종 우리의 예상을 벗어나기도 하지만, 마태복음 10장 42절은 예수의 이름으로 주는 냉수 한 그릇에도 의미가 있다고 말한다. 우리는 그리스도를 대표하여 그리스도의 빛을 내며, 그분의 대사로서 그분의 생각대로 생각하고 그분이 말씀하시는 대로 말하도록 초청받았다. 우리의 소명은 하나님이 원하시는 일을 하면서 그분을 섬기는 것이다.

혼미케 하는 교만

요한복음 10장 10절에서 말하듯이 사탄은 우리를 멸망시키려 한다. 우리를 멸망시키는 방법의 하나는 바로 우리를 혼미케 하는 것이다. 우리가 미묘한 죄의 문제들에 시선을 집중하고 있을 때는, 참된 생명의 양식이신 그리스도로 우리 영혼을 채우지 못한 채 부르심에서 멀어지기가 쉽다.

지네 이야기를 하고 싶다. 지네 한 마리가 길을 가는데 쥐 한 마리가 와서 물었다. "이봐, 자네는 다리가 그렇게 많은데 어떤 발을 먼저 내딛어야 하는지 어떻게 알아?"

"글쎄, 생각해 본 적이 없는데…."

이윽고 다리 순서를 생각하던 지네는 헷갈려서 앞으로 더 나갈 수가 없었다. 어떤 발을 먼저 내딛어야 할지 생각하면서 걸어 본 적이 없기 때문이다.

우리 앞에 놓인 진실도 이와 같을 수 있다. 겸손하면 초점을 잃지 않고 사명을 잊지 않는다. 겸손의 반대는 교만이다. 교만은 우리의 발을 붙잡아서 못 걷게 한다. 우리가 자기 자신과 지위, 소유, 업적에 대해 타당한 수준 이상의 자존감을 보일 때, 교만이 수면으로 고개를 내민다.

자부심이라는 형태의 건강한 교만도 있다. 가족의 전통이나 자녀의 축구 실력에 대해 느끼는 뿌듯함 말이다. 그러나 우리가 실제보다 자신을 더 낫게 생각하거나 자신의 성공이 자신에게 달렸다고 생각하는 것, 그리고 자신이 세상의 중심이라고 생각하는 것이 곧 교만이라는 죄를 짓는 것이다. 이 교만이라는 위험한 죄는 교회에 은밀하게 퍼진다.

교만은 '자격'이라는 형태로 주어진다. 특정한 성공을 당연하게 여길 때 특히 그렇다. 자신감이 지나치면 우월감으로 변한다. 몇 차례 성공을 거두면 자기 생각이 언제나 옳다고 생각한 나머지 무책임하며 지적을 혐오하는 사람이 된다.

반면에 겸손은 그리스도를 섬기고 높이는 행동이다. 그것은 결코 자신을 질책하는 행동이 아니다. 겸손은 그리스도를 섬기고 높이는 행동이다. 삶을 내어 주면서 최고의 기쁨을 찾을 때 겸손을 경험할 수 있다. 겸손을 통해 얻는 상급은 박수갈채가 아니라 그리스도를 섬긴다는 깨달음이다. 그러나 이런 겸손을 얻기란 쉽지 않다. 의식적인 노력이 수반되어야만 가능하다. 겸손 자체가 인간의 천부적인 속성이 아니기 때문이다. 겸손을 개발하려면 겸손한 행위를 의식적으로 시도하여 몸에 밸 때까지 꾸준히 실천해야 한다.

교회 안에 겸손이 뿌리내리게 하는 세 가지 방법을 보자.

보이지 않는 섬김

겸손을 개발하는 방법은 드러나지 않게 섬기는 것이다. 보답을 기대하지 않고 베푸는 친절을 하나님은 좋게 보신다. 묵묵히 행하는 친절은 하나님과 동역하는 행동이다. 드러나지 않는 섬김을 사용하여 하나님은 사람들의 마음을 바꾸신다. 그 과정을 표현하자면 이렇다.

선한 행동은 사람의 마음에 호감을 주며, 때가 되면 복음에 마음의 문을 열게 한다. 포상이나 팡파르, 오색 풍선과 색종이는 없지만 선한 행동을 했다는 사실만으로도 기쁨을 얻는다. 이를테면 시각 장애인에게 손을 얹고 기도한 뒤, 그가 눈을 뜨기 직전 코너 뒤로 사라지는 것이다. 눈을 뜬 사람은 자신을 위해 기도해 준 사람이 누구인지 모른다. 단지 자신을 고쳐 준 사람이 예수님이라는 사실만 알 뿐이다. 이것이 바로 겸손이다.

> 사람에게 보이려고 그들 앞에서 너희 의를 행하지 않도록 주의하라 그리하지 아니하면 하늘에 계신 너희 아버지께 상을 받지 못하느니라 그러므로 구제할 때에 외식하는 자가 사람에게서 영광을 받으려고 회당과 거리에서 하는 것 같이 너희 앞에 나팔을 불지 말라 진실로 너희에게 이르노니 그들은 자기 상을 이미 받았느니라 너는 구제할 때에 오른손이 하는 것을 왼손이 모르게 하여 네 구제함을 은밀하게 하라 은밀한 중에 보시는 너의 아버지께서 갚으시리라 마 6:1-4

어떤 행동을 하고 널리 알린다면 그 행동은 거기에서 끝난다. 그러나 아무도 모르게 섬기면 우리의 행동에 하나님의 역사가 추가되어 놀라운 결과를 얻게 된다. 보이지 않는 섬김은 우리의 영혼에도 바람직한 일이다. 우리가 아무 조건 없이 내어주며 하나님의 전달자 역할에 만족할 때마다, 우리 안에서 하나님의 DNA가 조금씩 발현된다. 우리가 의식적으로 하나님의 이름에 합당한 선한 행동을 묵묵히 감당하면, 그리스도인의 의무로서가 아니라 자연스럽게 겸손이 몸에 밴다.

나를 화나게 하는 몇 가지에 대해 솔직히 고백하겠다. 예를 들면, 길에 아무렇게나 쓰레기를 버리는 행위다. 한번은 힐로에서 교회로 이동하는데, 도로 한쪽에 쓰레기가 쌓여 있었다. 전날 내린 비 때문인지 보기가 흉측했다. 더구나 맥주잔이 사방에 널려 있었다. 나는 그곳을 지나가면서 미국의 환경 미화 실태에 대해 혼자 불평했다. 이윽고 나는 교회에 도착해서 첫 예배 설교를 마쳤다. 당시 우리 집은 차가 한 대였기에, 나는 집에 돌아가서 아내를 태우고 다시 와야 했다. 집으로 가는 길에 나의 시선은 다시 쓰레기 더미로 향했다. "몰상식한 사람들!" 나는 혼자 중얼거렸다. 아내를 태우고 교회로 가는 길에도 쓰레기를 보며 아내에게 말했다. "저것 좀 봐. 더럽게 말야." 나는 설교를 마친 뒤 여전히 그대로 있는 쓰레기를 지나쳐서 집에 돌아왔다.

집에 와서도 여전히 마음이 불편했다. 그 순간, 하나님이 이렇게 말씀하시는 것 같았다. "네가 가서 치우지 그러니?"

"네? 쓰레기를 치운다고 돈이 나오지도 않는데요?"

또다시 음성이 들렸다. "네가 가서 치워라."

내 경험상 하나님이 무언가를 말씀하시면(그것이 하나님의 말씀이 분명하다면) 나는 결코 도망칠 수가 없다. 그래서 나는 트렁크에 검정 쓰레기봉투를 넣고, 아내에게 잠깐 일 좀 보고 오겠다고 말한 뒤 집을 나섰다. 하나님이 시키신 일을 하기 위해서였다.

나는 쓰레기 더미가 있는 곳에 가서 수풀 뒤에 차를 세워 두었다. 사람들 눈에 띄고 싶지 않아서였다. 나는 도로가 좀 한산해질 때까지 기다렸다가 얼른 가서 쓰레기를 봉투에 담았다. 내가 쓰레기를 버렸다고 생각할까 봐, 차가 지나갈 때면 몸을 숨겼다. 마침내 쓰레기를 모두 담아서 봉투를 단단히 묶어 차에

실었다. 그런 후에 쓰레기장에 갖다 버린 뒤 집으로 돌아와 손을 씻었다.

나는 이 일에 대해 아무에게도 말하지 않았다. 그렇다고 순수한 동기로 침묵한 것은 아니었다. 그저 모든 상황이 당혹스러웠기 때문이다. 그러고 나서 나는 그 일을 금방 잊어버렸다.

그런데 다음 주일, 교회에서 한 부부가 아는 척을 했다. 교회에서 처음 본 사람들이었는데 마치 나를 아는 듯 말을 걸어왔다. "목사님, 지난주에 목사님을 보고 교회에 왔어요."

"네, 어디서요?" 내가 자주 가는 커피숍에서 봤나 싶었다.

그런데 그가 이렇게 말했다. "도로에서 쓰레기 주우시는 걸 봤어요. 가던 길을 멈추고 남이 버린 쓰레기까지 줍는 분이 목회하는 교회라면 괜찮겠다는 생각이 들었죠."

나는 그저 웃었다. 아주 사소한 행동 하나로 사람들을 인도하시는 하나님이 놀라울 따름이었다.

사명을 기억하라

교회가 겸손을 배우는 두 번째 방법은 자신에게 주어진 사명을 기억하고 잊어버리지 않는 것이다. 그러기 위해 교회는 다가가려는 사람들의 눈으로 교회의 각 영역을 바라봐야 한다. 예를 들면, 방문자의 눈으로 모든 것을 보는 것이다.

일반적으로 교회는 매주 정기적으로 참석하는 교인들의 필요를 채우는 데 초점을 둔다. 그러다 보면 성가대만 바라보며 설교하는 틀에 박힌 예배로 전락하고 만다.

어느 교회는 "교회 방문자들은 비상등을 켜 주세요"라는 안내문을 주차장 입구에 세워 놓고, 그들을 방문자 전용 주차 공간으로 따로 인도하여 개별적으로 환영한다고 한다. 당신의 교회는 방문자들을 어떻게 맞이하는가?

방문객의 눈으로 다음 영역을 살펴보자.

- 새로 이사 온 가정이 당신의 교회를 전화번호부나 인터넷에서 쉽게 찾을 수 있는가? 찾아오는 길이나 예배 시간이 알기 쉽게 설명되어 있는가?
- 방문자들이 대는 주차장은 주차 구역 표시가 알아보기 쉽게 잘 되어 있는가? 주차장에서 교회 입구까지 안내 표시가 잘 되어 있는가?
- 입구에서 방문자들을 맞이하고 질문에 친절히 답할 안내 위원들이 배치되어 있는가?
- 유아실, 화장실, 대예배실 등에 대한 안내가 정확히 표시되어 있는가?
- 예배 때마다 방문자들을 환영하는가? 다른 신앙 배경을 가진 사람도 편안하게 참여할 수 있는 예배인가?
- 예배 후 추가 정보를 원할 경우 정보를 쉽게 얻을 수 있는가?

겸손은 우리를 바른길로 인도한다. 즉, 교인이 교회의 중심이라는 그릇된 시각을 갖지 않게 한다. 교회는 감당해야 할 사명이 있으며, 그 사명에만 초점을 두어야 한다.

교회의 사명은 사람들을 교회에 오게 하는 것만이 아니다. 물론 주일예배가 사람들 삶의 일부분이 되게 하는 일도 중요하다. 그러나 교회의 중심 사명은 그리스도인들이 매일 하나님을 섬기도록 훈련하는 일이다. 교회의 선교지는 교회 건물 밖이다.

세상이라는 선교지에서 우리가 할 수 있는 일을 살펴보자.

- 버스에서 오래 서 있기 불편한 어르신에게 자리를 양보한다.
- 직불카드가 만료되었다는 사실에 당황해하는 친구를 위해 대신 계산해 준다.
- 음식을 준비해서 공원으로 놀러 갔을 때, 노숙자에게 음식을 한 접시 나누어 준다.
- 어디에 주차해야 할지 몰라 헤매고 있는 부인에게 주차 자리를 양보한다.
- 도움이 필요한 사람에게 익명으로 선불카드를 보낸다.

자신을 겸손히 낮추는 행위에서 가치를 발견하는 사람에게는 더욱 위대한 일을 할 수 있는 새로운 문이 열린다. 하나님은 한 가지 친절한 행위를 계기로 사람들을 인도하신다.

인정의 문제

겸손을 배우기 위한 세 번째 방법은 사람들로부터 받은 인정을 다스릴 줄 아는 것이다. 우리가 선한 일을 했을 때 주어지는 인정을 어떻게 다스릴 것인가? 교회가 지역 내에서 행한 일, 또는 우리가 실천한 아이디어나 성과에 대해 사람들이 인정하고 칭찬할 때 어떻게 반응해야 할까? 남에게 인정받는 것은 좋은 일이지만, 스스로 인정을 취하거나 가로채는 것은 위험하다.

사무엘상 마지막 부분과 사무엘하 1장에는 인정의 부작용 사례가 나온다. 사울 왕은 블레셋과의 전투에서 패배했다. 부상자가 속출한 상황에서 블레셋 군대에게 발각된 사울은 고문을 당하는 것보다 죽는 편을 택했다. 그래서 무기를 든 부하에게 자신을 찌르라고 명령한다. 부하가 두려워하며 명령을 따르지 않자 사울은 자기 칼을 뽑아서 그 위에 엎어졌다.

그 후 한 아말렉 청년이 사울의 시체와 버려진 장비들을 발견했다. 그는 사울의 유품을 챙겨 가면 한자리 얻을 수 있지 않을까 하는 마음에 사울의 왕관과 팔찌를 다윗에게 가져갔다. 그는 잔혹한 블레셋 군대로부터 왕을 보호하고, 치명적인 부상을 입은 사울 왕의 요청으로 왕의 목숨을 끝냈노라고 허위로 이야기를 전했다. 자신이 하지도 않은 일에 대해서 인정을 받으려는 속셈이었으나 그 결과는 비참했다. 다윗이 여호와의 기름부음 받은 자를 죽인 죄로 그 청년을 처단한 것이다. 아말렉 청년은 영웅 대접을 기대했으나 결국 죽음을 맞이하고 말았다.

스스로 인정을 취하기 위해 행동하는 것은 위험하다. 어떻게든 인정을 받으려고 하기보다는 공로를 남에게 돌리는 편이 오히려 낫다. "타인이 너를 칭찬하게 하고 네 입으로는 하지 말며 외인이 너를 칭찬하게 하고 네 입술로는 하지 말지니라"(잠 27:2)는 말씀도 있다.

타인의 인정을 받되 먼저 요구하지 마라. 당신의 가치를 인정해서 주는 선물이라면 받되 선물을 위해 일하지는 마라. 감사를 받되 요구하지 마라. 신실함 뒤에는 칭찬이 따르지만 관심과 칭찬 때문에 행동하지는 마라.

교회의 현주소

이번 장을 읽으면서 "우리가? 교만하다고? 말도 안 돼!"라며 그냥 무시해 버릴 수도 있다. 자신의 교만을 발견하기란 매우 어렵기 때문이다. 특히 깊숙이 자리 잡은 교만은 더 감지하기 어렵다.

다른 교회에 출석하는 사람들에게 들은 이야기다. 존(가명)이라는 목사님은 서부 해안에서 이름난 교회의 담임목사 후보였다. 학벌과 능력도 뛰어나고 리더십과 설교 실력도 출중하며, 목회자로서 손색없는 경력을 보유하고 있었다.

존 목사님 부부는 교회의 요청으로 중서부에서 비행기를 타고 와서 여러 사람을 만났다. 그분은 주일예배에서 두 번의 설교를 하고, 성인들 대상의 성경공부반에서 말씀을 전했다. 교회의 중역들과 만나서 목회 철학과 교회에 대한 비전을 나누었으며, 여러 모임에 참석하여 모든 질문에 솔직하면서도 재치 있게 답변했다. 이분이야말로 적임자라는 생각에 모두 동의했다.

그런데 면담이 끝나갈 무렵, 교회의 리더 중 한 사람이 일어나서 이렇게 말했다. "존 목사님, 우리 교회가 틀림없이 마음에 드실 겁니다. 목사님께는 식은 죽 먹기에요. 지금까지 우리 교인들은 어떤 문제든 잘 해결해 왔습니다. 모두 성숙한 그리스도인이지요."

그러나 그 교회는 4년도 채 되지 않아서 어려움에 봉착했다. 우선 한 장로님이 자신이 저지른 불륜을 인정하는 사건이 벌어졌다. 곧 네 명의 전임 사역자가 사퇴했다. 또한 교회의 심각한 부채 상황이 알려지면서 교회 신축도 중단되었다. 이후 6개월 만에 교인 절반이 다른 교회로 떠났다.

몇몇 사람은 존 목사님을 비난했다. 그는 곧 사퇴하고 다른 교회로 옮겼다. 교회의 모든 결정권을 쥐고 흔들던 장로들도 비난의 화살을 받았다. 교회의 음악 스타일, 학생부 목사, 건너편에 새로 생긴 대형교회를 탓하는 목소리도 있었다.

그러나 내 생각에는 원인이 다른 데 있는 것 같다. 존 목사님이 담임목사로 부임하기 전에 열린 마지막 모임에서 교회 리더가 한 말을 기억하는가? 그 말을 깊이 생각해 보라. "목사님께는 식은 죽 먹기에요. 지금까지 우리 교인들은 어떤 문제든 잘 해결해 왔습니다. 모두 성숙한 그리스도인이지요."

그런즉 선 줄로 생각하는 자는 넘어질까 조심하라 고전 10:12

어쩌면 당연한 결과다. 교만이 지닌 파괴력을 생각해 본 적이 있는가? 다음 질문에 답해 보기 바란다. 우리 교회는 겸손한 교회인가? 우리는 교회의 사명을 기억하고 있는가? 사명을 잊지 않으려면 어떻게 해야 할까?

모든 교회가 겸손의 능력을 깨닫기를 기도한다. 겸손은 언제나 하늘의 관심을 끈다. 우리가 맡은 바 소임을 다하고, 하나님이 그분의 일을 하시는 모습을 보는 것만큼 기쁜 일은 없다.

행동 지침 ⓫   **겸손하라**

특징 12

공동의 청사진을 기억하는 교회

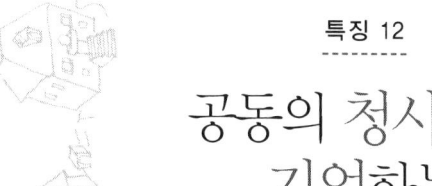

IRRESISTIBLE CHURCH

집을 지으려는 건축업자가 있다. 필요한 자원은 이미 충분히 준비해 두었으므로, 실력 있는 인부들을 모아 콘크리트를 붓고 벽을 세운 뒤 조명을 달고 정화조를 설치하면 끝이다. 인부들은 하나같이 성실하며 최고의 집을 짓겠다는 의지에 불타 있다.

공사가 시작되자 모두 새벽부터 나와서 점심에 잠깐 쉬고 밤늦게까지 일한다. 인부들의 실력과 헌신과 열정에 대해 토를 달 사람이 없다. 공사 현장은 매일 바쁘게 돌아간다. 망치질과 톱질 소리가 요란한 가운데 벽돌이 차곡차곡 올라간다. 보드를 붙이는 못질 소리로 쿵쾅거린다.

그런데 조금씩 이상한 기운이 감돈다. 사람들이 지나가면서

한 번씩 보고 가는데, 감탄하기는커녕 손가락질을 하며 웃는다. 심지어 사진까지 찍어 대고, 고개를 흔들며 의아해하는 사람들까지 있다. 왜 그럴까? 벽은 제멋대로고 문이 없는 방이 있기도 하고, 계단은 엉뚱한 곳에 붙어 있으며, 현관은 뚝 떨어져 있고 지붕은 집의 일부만 가리고 있었기 때문이다.

어떻게 이런 결과가 나왔을까? 처음부터 필수 요소가 빠져 있었기 때문이다. 인부들은 작업이 어떻게 진행될지도 모르면서 무조건 일만 했다. 결국 그때그때의 필요에 따라 땜질식 작업이 계속된 것이다.

열심과 실력, 재정, 인부의 조건은 갖추고 있었으나 건물의 설계도가 없었다. 그 결과 흉물스러운 건물이 완성되었다. 눈에 잘 띄지도 않고, 자칫하면 무너질지도 모를 골칫거리가 동네에 하나 늘어난 것이다.

무엇이 빠졌는가? 모두 따라야 하는 청사진이 없었다.

＼ 계획의 부재 ／

하나님이 축복하시는 매력적인 교회의 열두 번째 특징은 '공동의 목표를 세워 나아가는 교회'다. 하나님의 인도를 열심히 간구하고, 그분이 인도하시는 대로 계획을 세워 담대히 실천하는 교회다. 이런 교회는 교회가 나아갈 방향을 알고 있다. 일단 계획을 세웠어도 하나님이 그때그때 계획을 바꾸신다는 점도 안다. 그래서 계획에 융통성이 있다.

> 사람이 마음으로 자기의 길을 계획할지라도 그의 걸음을 인도하시는 이는 여호와시니라 잠 16:9

분명 우리를 인도하는 분은 하나님이시다. 그러나 우리에게 계획이 없다면 하나님이 어떻게 인도하실까? 지도나 내비게이션 없이 낯선 곳에 가는 것이나 다름없다.

우리가 계획을 세우지 않는 이유는 다양하다. 성격상 게을러서, 그날그날의 일을 처리하느라 계획을 세울 여력이 없어서, 너무 바빠서…. 우리 삶에는 고민하고 전략을 세워야 하는 일이 이미 넘쳐난다.

계획을 세우는 일은 시간 낭비일 뿐이며 신앙인이 할 일은 아니라고 생각하는 사람들이 있다. 이들은 성령의 인도에 민감한 사람들로서 오직 하나님의 인도하심만 바라는 선한 의도를 지니고 있다. 이는 물론 존경스러운 태도지만, 하나님이 인도하시므로 사람이 계획을 세워서는 안 된다는 생각은 잘못이다. 그들은 사람의 계획에는 하나님의 생각이 아닌 인간의 생각이 들어가서는 안 된다고 말한다. 또한 그들은 하나님께 죄를 범할까 봐 두려운 마음에 계획 없이 진행하는 행동이 더욱 영적이라고 착각한다.

계획을 세우는 일

계획에 대한 성경의 가르침을 보자. 성경은 사람들이 계획을 세우지 않는 이유를 말하면서, 우리에게 하나님의 주권을 인정하고 신중하게 계획을 세우라고 가르친다. 받은 지식을 토대로 계획을 세우는 일은 오히려 하나님을 경외하는 행동이다. 하나님이 주시는 청사진을 가지고 일을 시작하는 것이다.

계획 세우기를 두려워하는 사람들이 인용하는 말씀이 있다.

들으라 너희 중에 말하기를 오늘이나 내일이나 우리가 어떤 도시에 가서 거기서 일 년을 머물며 장사하여 이익을 보리라 하는 자들아 내일 일을 너희가 알지 못하는도다 너희 생명이 무엇이냐 너희는 잠깐 보이다가 없어지는 안개니라 너희가 도리어 말하기를 주의 뜻이면 우리가 살기도 하고 이것이나 저것을 하리라 할 것이거늘 약 4:13-15

그들은 이 구절이 계획을 금하는 말씀이라고 생각한다. 그러나 자세히 읽어 보면 오히려 계획을 세우라고 권고하고 있다. 다만 그 계획은 하나님의 인도를 따라야 한다. '주의 뜻이면'이라는 전제에 따라 그분의 뜻대로 계획을 세우되 겸손해야 한다. 이 말씀은 계획을 반대하는 내용이 아니다. 오히려 계획에 동의하며 교만을 반대하는 내용인 것이다.

다른 말씀도 보자.

너의 행사를 여호와께 맡기라 그리하면 네가 경영하는 것이 이루어지리라 잠 16:3

지략을 베풀고 전쟁할지니라 잠 20:18

네 마음의 소원대로 허락하시고 네 모든 계획을 이루어 주시기를 원하노라 시 20:4

이처럼 계획을 세우는 일은 잘못이 아니라 오히려 성경적인 것이다.

우리에게 균형 잡힌 시각을 주는 사례가 있다. 사도 바울은 동역자들과 함께 비두니아로 가서 말씀을 전하려는 계획을 세우지만, 성령이 허락하지 않으셔서 드로아 지방으로 가게 된다(행 16:6-7). 바울 일행은 계획을 세웠지만 주님의 말씀에 민감히 반응했다. 우리도 그래야 한다. 주님은 우리가 생각하고 기도하면서, 생각을 정리하고 전략을 세우며 목적을 정하기 바리신다. 단, 우리의 길을 인도하는 분이 하나님임을 인정하면서 모든 일을 겸손으로 해야 한다.

오래전에 기도하면서 교회 계획을 세울 때 하나님이 마음에 감동을 주셨던 구절이 있다.

너희를 향한 나의 생각을 내가 아나니 평안이요 재앙이 아니니라 너희에게 미래와 희망을 주는 것이니라 렘 29:11

이 말씀에서 우리는 하나님이 우리 교회의 앞날에 대한 계획을 갖고 계신다는 성경의 원리를 받아들였다. 하나님이 계획을 갖고 계시므로, 하나님은 우리가 그분의 때에 그분의 방법으로 그 계획을 깨닫기 바라신다. 따라서 하나님이 그분의 계획을 혼자 간직하실 리가 없다.

우리는 "너희 중에 누구든지 지혜가 부족하거든 모든 사람에게 후히 주시고 꾸짖지 아니하시는 하나님께 구하라 그리하면 주시리라"(약 1:5)는 약속에 따라 주님의 계획이 무엇인지 구하고 그 계획에 순종하기로 결정했다.

당신이 이 책을 다 읽은 뒤에는 당신 앞에 놓인 미래를 대수롭지 않게 여기지 않았으면 좋겠다. 당신은 지금 어디로 가고 있는지 알고 있는가? 당신에게는 청사진이 있는가? 그 계획대로 행동하고 있는가?

하나님은 우리가 한 일에 대해 책임을 묻지 않으신다. 다만 그분이 맡기신 일을 우리가 얼마나 했느냐에 대한 책임을 물으실 것이다.

하나님 앞에 머물러 하나님의 계획이라고 생각되는 것들을 적은 뒤에 순종하며 나아가기 바란다.

예상치 못한 기회

우리가 계획을 세워 교회를 이끌려 하는 데는 중요한 이유가 있다. 나이가 들수록 나는 더 많은 사람이 자신을 향한 하나님의 계획을 분별하고, 자신의 미래를 예수 그리스도께 헌신하는 모습을 보고 싶은 갈망이 날로 커진다. 하나님의 계획을 모른다는 말은 아무 일도 하지 않는 것에 대한 변명이 될 수 없다.

당신의 교회 앞에 펼쳐진 미래를 대수롭지 않게 여기지 마라. 우리는 추수의 기회가 전례 없이 풍성한 시대에 살고 있으므로, 그에 따른 계획을 세워야 한다. 세계 전역에는 영적으로 굶주린 사람들이 있다. 밭이 희어져 추수할 때가 되었다는 구절도 있지 않은가(요 4:35 참고). 그리스도의 사랑이 우리를 강권하여 더 많은 사람을 그분께 인도하게 되기를 기대한다. "잇사갈 자손 중에서 시세를 알고 이스라엘이 마땅히 행할 것을 아는 우두머리가 이백 명이니 그들은 그 모든 형제를 통솔하는 자이며"(대상 12:32)라는 말씀처럼, 전략적으로 계획을 세워야 한다.

위기의 시기

현재 교회가 위기에 처해 있고 효과적인 리더십도 없는 상황이라면, 전례 없는 영적 기회가 있다고 한들 어떻게 앞날을 계획할 수 있을까? 그 일의 열쇠는 '관점'이다.

기회를 잡는 것은 상황을 어떻게 바라보느냐에 달려 있다. 이 책을 쓰는 지금, 북미 언론에서는 '대침체'라는 단어가 자주 등장하고 있다. 실업률은 높기만 하고, 적자재정이 천정부지로 치솟고 있다. 언제쯤에나 경기가 회복될지 묘연하기만 하다.

그러나 관점에 따라서 이 위기의 시기도 완전히 달라진다. 보험회사 광고에서는 '대침체'를 '우리를 위대하게 만든 침체'라고 말하지 않던가.

두 가지의 차이점을 알겠는가? 힘든 시기에는 불필요한 것이 모두 제거된다. 시합을 앞둔 권투 선수가 계체량을 충족시키려고 체중을 줄이는 것과 마찬가지다. 우리는 위기가 오면 불필요한 활동을 제하고 꼭 필요한 일만 남긴다.

힘든 시기가 지나면 모든 교회에 큰 기회가 찾아올 것이다. 그러나 그 전에 현재 상황을 올바르게 이해하는 과정이 필수적이다. 그렇지 않으면 기회가 와도 놓치고 만다. 위기는 유익한 도구가 될 수 있다. 위기를 헛되이 보내지 말고, 우리를 훌륭하게 만드는 도구로 사용하라.

우리에게 주어진 미래

교회에서 5분 이상 시간을 내어 하나님이 우리에게 바라시는 미래가 어떠할지 생각해 보라. "하나님은 장차 우리 교회에 어떤 책임을 맡기실까? 우리에게 주어진 미래는 어떤 모습일까?"에 대한 몇 가지 질문으로 시작하면 된다.

다음 질문을 활용하라.

- 우리 교회의 존재 목적은 무엇인가?
- 우리가 다가가려는 주요 대상이 누구인가? 가정? 노인? 젊은 부부? 모든 세대? 도시? 교외? 시골?
- 우리가 잘 하는 일과 잘 하지 못하는 일은 무엇인가?
- 우리 교회에서 특히 강조하는 영역이 무엇인가? 설교, 학생 사역, 구제 사역, 군인 가족 사역, 긍휼 사역, 교도소 사역, 그 외 기타 사역 중 어느 것에 역점을 두는가?
- 교회에서 다음 세대를 훈련하는가? 그 훈련에 어떤 방법을 사용하는가?
- 속한 도시와 마을에서 축복의 통로가 되기 위해 무엇을 하고 있는가?
- 신앙과 선교에 대해 세계적인 시각을 갖고 있는가? 타국의 그리스도인들을 돕고 있는가?
- 앞으로 5년 뒤 우리 교회가 바라는 모습은 무엇인가? 10년 뒤의 모습은 어떠할까?
- 우리 교회에서 정의하는 성공은 무엇인가?

스스로 적어 보기 바란다. 당신의 교회가 나아갈 방향을 내가 일일이 짚어 줄 수는 없다. 각 교회의 리더들이 공동체의 특성에 따라 하늘의 인도하심을 구하면서 회중을 인도하기 바란다. 계획을 세우고 글로 정리하라.

탁월함의 추구

계획을 세우는 리더들에게 필요한 기본자세가 있다. 계획을 세울 때는 성경적이고 낙관적인 철학을 갖는 것이 중요하다. 여기서 철학이란 삶을 이해하는 방식이다. 다음 말씀을 보자.

> 눈은 몸의 등불이니 그러므로 네 눈이 성하면 온몸이 밝을 것이요 눈이 나쁘면 온몸이 어두울 것이니 그러므로 네게 있는 빛이 어두우면 그 어둠이 얼마나 더하겠느냐 마 6:22-23

4장에서 말했듯이 우리의 생각에 따라 삶의 많은 부분이 달라진다. 그렇다고 이 원리를, 생각 속에 사실로 존재하는 것은 실제로도 존재하는 것이라는 동양 사상과 동일시할 생각은 전혀 없다. 절망과 흑암에서 인류를 구원하는 선하신 하나님을 믿는다면, 승리와 힘과 확신의 시각을 갖기로 선택해야 한다. 이것이 바로 내가 말하는 성경적이고 낙관적인 철학이다.

구원을 받은 뒤에도 자신이 하나님 앞에 벌레만도 못한 존재라고 생각하며 살아가는 그리스도인이 많다. 물론 성경은 인간의 타락을 지적하면서, 만물보다 거짓되고 부패한 것이 그리스도 없는 인간의 마음이라고 말한다(렘 17:9 참고). 그러나 하나님은 그리스도의 십자가를 통해 우리를 탁월한 존재로 초청하셨다. 그리스도는 구원과 변화를 담당하시며, 하나님은 우리를 탁월한 사람으로 만드신다.

여호와 우리 주여 주의 이름이 온 땅에 어찌 그리 아름다운지요
시 8:1

하나님의 이름에 그분의 성품이 들어 있다면, 우리가 섬기는 하나님은 이 말씀대로 아름다우신 분이다. 그리고 성경말씀대로 우리는 "그와 같은 형상으로 변화하여 영광에서 영광에 이른다"(고후 3:18). 하나님이 우리를 그분의 형상대로 만드셨다면, 우리는 아름다운 사람이며 교회 역시 아름다운 교회가 되어야 마땅하다.

교회는 탁월함, 보통, 실패 중 어느 방향으로 갈지를 선택할 수 있다. 문득 이런 격언이 떠오른다.

인생은 우리가 소망하거나 마땅히 받을 수 있는 것을 주지 않는다. 우리가 자족하는 것을 준다.

교회를 향한 계획과 미래를 생각할 때, 하나님이 탁월하고 아름다우신 분임을 명심하라. 당신의 교회가 장차 가장 탁월한 교회가 되리라고 생각하자. 그런 다음, 꿈을 현실로 이루는 데 필요한 계획을 세우라.

\ 기적의 도구 /

계획을 이루는 데 필수적인 기적의 도구를 알고 있는가? 바로 '행동'이다. 행동이 없으면, 그저 좋은 생각만 남는다. 제아무리 꿈과 계획이 있어도 행동이 따르지 않으면 꿈은 결코 이루어지지 않는다.

행동의 다른 표현은 우리가 그다지 좋아하지 않는 단어다. 그것은 바로 일, 즉 '수고'다.

어머니들은 새로운 생명을 세상에 내보내기 위해 해산의 고통을 겪는다. 교회 역시 비전을 현실로 이루려면 땀을 흘려야 한다. 청사진을 꺼내 들고 근육을 써서 움직여야 한다. 분명히 우리는 하나님의 뜻이 분명해질 때까지 그분의 인도하심을 구하면서, 기술을 연마하고 계획을 세우며 그분을 기다려야 한다. 그렇지만 어느 순간이 되면 행동해야 한다. 제아무리 좋은 계획이라도 행동하지 않고 교회 캐비닛에 묵혀 두면 아무 소용이 없다. 하나님이 우리에게 기대하시는 미래는 좋은 의도에만 있지 않다. 그분은 행동과 현실로 이루어지는 미래를 원하신다.

코스가 정해지지 않은 달리기 경주를 생각해 보라. 선수들이 출발선에 서자, 아나운서가 "제자리에, 차려, 출발!"을 외친다. 선수들이 전후좌우로 마구 달려 나간다. 〈세계의 엽기 비디오〉 같은 프로그램에서나 볼 수 있는 장면이 연출된다.

그런데 우리의 교회가 바로 그와 같다. 총성이 울리면, 어디로 가야 할지도 모르면서 무조건 달리는 것이다. 당장의 경주보다는 최종 결과에 영원한 의미를 두기 때문이다.

이번에는 정해진 코스가 있으나 달리는 선수가 없는 경우를 생각해 보자. 선수들은 그저 출발선 주위에 서서 경주가 얼마나 치열할지, 경주 결과가 어떨지 등에 대해서만 이야기할 뿐 실제로 달리지는 않는다. 그러면 어떻게 되겠는가?

자신이 속한 교회의 미래에 대해서 대충 생각하며 넘어가지 않았으면 한다. 계획을 구체적으로 세워 실행하면 순종과 믿음으로 경주에 임할 수 있다. 설계도가 분명할수록 훌륭한 건물이 완성된다. 목표를 향해 정확히 조준해야 적중할 확률이 높다. 결과는 그냥 얻어지지 않는다. 수고가 있어야 한다.

\ 우리의 상상 /

이번 주일에 교회에 가면 주위를 잘 둘러보라. 어떻게 현재 모습을 갖추게 되었을까? 건물 부지가 공터였을 때 누군가가 지금의 건물을 상상하여 현실로 만든 덕분이다. 그들은 미래의 모습을 예상하고 계획을 세웠으며, 그 계획을 실현시키기 위해 수고했다.

다음에 세례 받는 사람을 보거든 어떻게 해서 세례를 받게 되었는지 물어보라. 오래전, 그가 그리스도를 알았으면 하고 소망했던 친구가 있었을 것이다. 그는 자신의 친구를 위해 기도했고, 사랑하는 마음으로 친구가 되었으며, 결국에는 그 친구에게 복음을 전했으리라. 이후 성령이 마음을 움직이신 덕분에 그 친구는 자신의 삶을 그리스도께 바치게 되었다.

홀로 아이를 키우는 엄마에게 식료품이 생겼다. 어느 교인의 친절한 마음씨 덕분이다. 동네가 아름다운 그림으로 장식되었다. 자신의 재능으로 하나님을 경외하고자 했던 교인들 덕분이다. 어느 알코올 중독자가 12개월 동안이나 술을 끊었다. 교회의 회복 프로그램 덕분이다. 이 모든 일이 어떻게 가능했을까? 교회가 계획을 세우고 행동했기 때문이다.

월트 디즈니와 친했던 미국의 유명 사회자 아트 링클레터가 디즈니랜드 50주년 행사에서 한 이야기다.

누군가가 링클레터에게 질문했다. "월트 디즈니 씨가 이 모습을 보지 못한 것이 안타깝지 않습니까?"

링클레터는 이렇게 대답했다. "월트는 이미 봤습니다. 그래서 지금의 디즈니랜드가 있는 겁니다."[1]

\ 전진하라 /

움직이는 차를 조종하는 일이 주차된 차를 조종하는 것보다 훨씬 쉽다. 중간에 계획이 변경되더라도 걱정하지 마라. 불완전한 계획일지라도 그 계획은 우리를 전진시킨다.

잠자기 전, 한 아버지가 아들에게 외양간에 있는 가축들을 살펴보고 오라고 했다. 아버지는 아이에게 램프를 주며 밖으로 내보냈다. 아이는 울먹이며 외쳤다. "무서워요! 램프로는 한두 발짝 거리밖에 안 보여요. 밖이 얼마나 어두운데요."

그러나 아이 아버지는 지혜로웠다. "빛이 비추는 끝 부분만 밟고 가면 괜찮을 거야."

세상을 가슴 뛰게 하는 교회를 향한 하나님의 초청도 이와 같다. 우리에게 허락된 미래를 기도로써 깨달으며, 우리에게 비춰 주시는 빛의 끝 부분만 밟으면서 걸어가는 것이다.

당신에게 자원하는 마음만 있다면 "함께 길을 걸어가자"고 청하시는 하늘의 음성을 분명히 들을 수 있다.

| 행동 지침 ⑫ | 계획을 세우라 |

Study Guide / 스터디 가이드

이 책을 읽은 당신에게 먼저 감사하고 싶다. 전 세계의 모든 교회가 세상을 가슴 뛰게 하는 교회가 되어 더 많은 사람을 하나님께 인도하고, 성령의 역사로 삶이 변화되어 사회에 선한 영향력을 미치기를 전심으로 기도한다. 세상을 가슴 뛰게 하는 교회는 하나님께 축복이며, 우리에게도 축복이다. 자신이 누구인지 알고 하나님이 맡기신 일이 무엇인지 아는 사람은 엉뚱한 일을 하느라 세월을 낭비하지 않는다. 그의 삶에는 풍성한 상급도 있다.

토론과 성경공부에 도움을 줄 스터디 가이드를 마련했다. 지금까지 설명한 내용들을 더 깊이 생각하고 나누기 바란다. 이 가이드는 혼자서 사용해도 좋고, 모임에서 사용해도 좋다. 모임을 이끄는 지도자라면 다음 몇 가지를 명심하기 바란다.

- 참가자들이 일단 책을 읽게 하라. 미리 책을 끝까지 읽고 모이거나 매주 한 장씩 읽고 모임을 해도 된다. 책을 읽으면서 갖게 된 의문점을 자유롭게 이야기하도록 유도한다.
- 모임을 하다 보면 다양한 질문과 의견이 나오기 마련이다. 가능하면 성경말씀에서 하나님의 대답과 시각을 찾기 바란다. 모든 토론의 중심에는 언제나 하나님이 계신다.
- 토론 주제에 대해 먼저 솔직하게 대답하라. 지도자는 성장의 모범을 보여야 한다. 물론 지도자라고 완벽할 수 없다. 이 책에서 제시한 아이디어들을 실천하는 일은 모두 노력해야 하는 일이다. 지도자 자신의 경험과 의문, 그리고 생각을 솔직하게 나누면 모임에 도움이 된다.
- 모인 사람들과 함께 교회를 위해 기도하라. 하나님이 각자의 삶에서 일하시도록 간구하고, 하나님이 각 개인과 교회에게 하실 일을 미리 (믿음으로) 감사하라.
- 분열, 이기주의, 교만으로부터 모임을 보호해 달라는 기도도 반드시 필요하다. 각 사람에게 영적인 통찰력이 부어져서 성경의 진리를 깨닫고 개인적으로 새로운 사실을 알며, 개인의 삶과 교회에 돌파구가 생기도록 성령의 도움을 구하라.

특징01 하나님의 임재에
굶주린 교회

| 배경 |

우리는 하나님의 임재를 구하기보다 사역, 봉사, 행사, 프로그램에 신경 쓸 때가 많다. 그러나 무엇보다 하나님의 임재를 구하는 일이 우선되어야 한다. 하나님의 임재 없이 살아남을 수 있는 교회는 없다.

영적인 분위기가 충만한 교회들은 하나님의 임재가 없어도 그 사실을 인정하지 않는다. 당신의 교회에 하나님의 임재가 느껴지지 않는다면 다음 단계를 실천해 보라.

1단계: 현실을 인정한다.
2단계: 현실을 의로움으로 채운다.
3단계: 의식적으로 눈에 보이는 믿음의 행위를 한다.

| 토론 |

❶ 1장에서는 '현실 점검', 즉 하나님의 임재가 얼마나 있는지를 점검하도록 촉구한다. 당신의 교회는 하나님의 임재라는 측면에서 건강한가? 이를 수치로 측정하면 플러스인가, 마이너스인가?

❷ 하나님의 임재를 경험하는 것보다는 교회를 어떻게 운영하느냐에 더 관심을 두지는 않았는가? 대답해 보자.

❸ 마태복음 18장 20절, 예레미야 23장 24절, 야고보서 4장 8절을 읽으라. 하나님이 어디에나 계시는 분이라면 하나님의 임재를 구하는 것에 어떤 의미가 있을까?

❹ 에베소서 5장 18-20절과 갈라디아서 5장 22-23절을 읽으라. 성령으로 충만한 삶에는 어떤 특징들이 나타나는가? 구체적인 예를 들어 보자.

❺ 시편 145편 18절과 히브리서 12장 1-2절을 읽으라. '진실하게 간구한다'는 말은 무슨 뜻일까? 하나님의 더욱 큰 임재를 경험하기 위해 취할 수 있는 행동에는 무엇이 있을까?

❻ '교회를 하늘의 색으로 칠하는 일'이 교회의 마음과 하늘의 마음을 일치시키는 데 어떤 도움을 줄까? 이때 잊지 말아야 할 점은 무엇일까?

❼ 자신이 경험해 본 하나님의 임재에 대해 이야기해 보라. 어떤 일이 있었는가?

잠시 기도하면서 하나님의 임재를 구하라.

특징02 정체성을
제대로 아는 교회

| 배경 |

그리스도를 따르는 우리는 전체 교회를 구성하는 성도들의 몸의 일부다. 우리의 참 정체성은 결혼식 날의 신부처럼 영광스러운 존재다. 우리는 '신부'의 정체성으로 행동해야 한다. 교회는 하나님께 사랑받고 선택받으며 세워지는 존재다. 또한 하나님을 섬기도록 구별된 존재이기도 하다. 그러므로 우리의 참 정체성을 기억하고 행동해야 한다.

세상을 가슴 뛰게 하는 교회란 사람들에게 그만큼 매력적인 지역 공동체를 의미한다. 그러나 더 중요한 것은 그리스도의 신부라는 우리의 정체성을 명심하고 그에 합당하게 살아가는 것이다. 물론 우리는 신부라는 우리의 속성을 지속적으로 계발하고 있다. 궁극적으로 교회는 누구나 매력을 느끼는 곳이다. 교회는 그리스도의 영광을 반영하며, 그리스도는 그 누구도 거부할 수 없는 분이시기 때문이다.

| 토론 |

❶ 교회의 진정한 정체성을 이해하고 그에 합당하게 행동하는 일이 왜 중요한가?

❷ 요한계시록 21장 9-10절과 에베소서 5장 21-30절을 읽고 교회와 그리스도의 관계를 설명해 보자.

❸ 디모데후서 2장 3-4절과 베드로전서 2장 9절을 읽으라. 여기에 나오는 교회의 정체성은 무엇인가?

❹ 정체성을 잊어버린 교회가 1점이고, 정체성을 기억하는 교회가 10점이라고 할 때, 1-10점 중 당신의 교회는 몇 점인가?

❺ 히브리서 10장 23-25절과 빌립보서 2장 14-16절을 읽으라. 교회의 기능 중에서 '모이기'와 '흩어지기'의 관계에 대해 이야기해 보자. 주일예배를 위해 교회에 모일 때 우리가 해야 할 일, 그리고 주중에 교회에 가서 우리가 해야 할 일은 무엇인가?

❻ 마태복음 5장 13-16절을 읽으라. 우리가 교회(건물)와 세상에서 빛(어둠을 밝힘)과 소금(부패를 막기 위한 방부제)의 역할을 할 수 있는 실제적인 방법들을 이야기해 보자.

❼ 교회가 진정한 정체성을 기억하고 그에 합당하게 행동할 수 있는 방법들을 적어 보자.

교회의 참된 정체성을 이해하고, 그에 합당하게 행동할 방법을 알게 해 달라고 간구하자.

특징03 / 목숨과 마음을 올인하는 교회

| 배경 |

　세상을 가슴 뛰게 하는 교회는 마음을 다한다. 이는 이미지부터 생각하는 태도와는 대조적이다. 열정을 다해 하나님을 섬기고 사역하며, 하나님이 인도하시는 길로 가겠다는 열망으로 행동하는 것이다.

　프로그램이 마음보다 앞서면 위험하다. 보통 사역 초반에는 열정이 넘쳐서 위험을 감수해 가며 여러 가지 일을 추진한다. 그러나 프로그램을 진행하다 보면 자동모드로 전환하고 싶은 유혹이 생긴다. 가만히 있어도 프로그램이 알아서 동일한 결과를 도출하리라 기대하는 것이다. 그러다 보면 정작 마음이 빠진 채 프로그램만 의존하게 된다.

　마음을 다해 사는 일은 저절로 되지 않는다. 이는 꾸준한 점검과 감독을 통해서만 가능하다. 이기심과 나태함에 쉽게 빠지는 인간의 특성상, 의식적인 매일의 노력을 통해서만 안일함의 유혹에서 벗어날 수 있다.

| 토론 |

❶ 마음을 다하는 교회는 어떤 교회라고 생각하는가?
❷ 마음을 다하는 교회라는 측면에서 당신의 교회는 1-10점 중 몇 점에 해당하는가?
❸ 베드로전서 5장 2절에서 섬김의 동기는 무엇인가? 이를 교회에 어떻게 적용할 수 있을까?
❹ 마음을 다해 사는 교회의 특징은 세 가지로 정리할 수 있다. 용서가 빠르고 하나님의 비판에 마음이 열려 있으며 순복하는 삶이다. 이 가운데서 당신에게 가장 어려운 특징은 무엇이며, 그 이유는 무엇인가? 또한 당신에게 가장 자연스러운 특징은 무엇이며, 그 이유는 무엇인가?
❺ 평소 하던 대로 유지되는 교회 프로그램과 사역, 삶의 변화와 영적인 영향력을 위해 사용되는 프로그램은 어떻게 다른가?
❻ 마음을 다한다는 말은 탁월함을 지속적으로 추구하는 삶을 의미한다. 빌립보서 4장 8절과 마가복음 6장 30-32절을 읽고, 열정적으로 균형 잡힌 삶을 산다는 말의 의미가 무엇인지 말해 보자. 주님을 계속 섬기기 위해서는 우리에게 무엇이 필요한가?
❼ 디모데후서 4장 5-8절에서처럼 마음을 다하는 교회가 되기 위해 바울에게 배울 점이 있다면?

마음을 다하는 교회가 되도록 하나님께 기도하자.

특징04 / 감사가 일상생활인 교회

| 배경 |

세상을 가슴 뛰게 하는 교회의 네 번째 특징은 감사다. 감사에는 두 종류가 있다.

첫 번째 감사는 누군가의 친절에 대한 반응에서 나오는 감사, 우리 뜻대로 이루어진 일에 대한 긍정의 감사다. 쉽게 말해 선물이나 승진에 대한 반응, 축복에 대한 반응이다.

두 번째 감사는 의도적으로 개발할 수 있다. 우선 우리의 마음가짐이 중요하다. 상황이 뜻대로 되지 않더라도 감사하는 태도를 유지하는 것이다. 선물을 받든 못 받든 만족한다. 상황과 상관없이 조용히 감사를 읊조리는 태도다. 보장된 축복이 없을 때에도 할렐루야를 외치며 하나님이 주시는 것이라면 무엇이든 받겠다는 확신의 태도를 가진다.

| 토론 |

❶ 감사하지 않음을 1점으로, 매우 감사함을 10점으로 할 때, 당신과 당신 교회의 감사 지수를 1-10점 사이에서 말해 보자. 당신이 감사하는 정도와 교회가 감사하는 정도 사이에는 서로 어떤 연관성이 있는가?

❷ 자신을 낮추고 더욱 감사하려면 어떻게 해야 할까?

❸ 빌립보서 4장 8절과 마태복음 6장 22-23절을 읽으라. 교회에서 감사를 개발하려면 어떻게 해야 할까?

❹ 데살로니가전서 5장 16-18절을 읽고 "범사에 감사하라"는 부분을 생각해 보자. 하나님은 우리에게 무엇을 원하시는가?

❺ 하나님이 우리의 기도를 들어주시지 않았는데, 나중에 보니 그것이 최선이었음을 깨달았던 경험이 있는가?

❻ 어떤 일을 개인적 선호가 아닌 목적에 따라 평가하는 것은 감사에 어떤 도움을 주는가?

❼ 당신의 교회에 대해 감사하는 점을 다섯 가지 적어 보자.

생각나는 감사의 제목들을 하나님께 감사로 올려 드리자.

특징05 가족만큼
서로 끈끈한 교회

| 배경 |

교회에서의 문제를 해결하지 않고 놔두면, 잡초가 밭을 망치듯 공동체에 큰 타격을 입는다. 교회를 방문한 외부인도 문제를 꼬집어 말할 수는 없지만 분위기가 심상치 않다는 것을 감지한다. 갈등 해결은 교회에서 매우 중요한 일이다. 비록 갈등을 해결하는 일이 좀처럼 쉽지는 않지만 개인이나 교회는 지속적으로 갈등을 해결해 가야 한다.

교인들이 사랑 안에서 연합할 때 교회가 건강해진다. 그러나 교인 모두 동일한 의견을 갖고 있다고 해서, 교회에 문제가 전혀 없다고 할 수 있는 것은 아니다. 다만 그런 교회의 교인들은 문제가 발생했을 때 시간을 들여 적절히 해결한다. 오히려 교회에는 문제가 생길 수밖에 없다고 인정하면 마음이 편하다. 문제가 없는 교회는 없으며, 그것이 가능한 일도 아니다. 어느 교회에나 문제가 있다는 사실을 알면 항상 모든 것이 깔끔하게 정돈되어 보여야 한다는 부담감을 떨쳐버릴 수 있다.

| 토론 |

❶ 어떤 조직이든 갈등을 해결할 때 부딪치는 어려움이 있다면 무엇일까?

❷ 잠언 12장 16절을 읽으라. 모욕을 참는 것이 슬기로운 경우를 말해 보자.

❸ 마태복음 5장 23-24절을 읽으라. 이 말씀에 의하면 사람들과 좋은 관계를 유지하는 것이 겉으로 드러나는 영적 행위보다 중요하다. 이 원칙을 삶에 어떻게 구체적으로 적용할 수 있을지 생각해 보자.

❹ 의견이 일치하지 않는 교회가 건강할 수도 있다. 교인들끼리 서로 의견이 다르지만 여전히 연합의 관계를 유지할 수 있는 방법에는 무엇이 있을까? 다양한 차이가 교회에 속한 개인들에게 건강한 관계를 가져오지 않을까?

❺ 갈등 해결에 필요한 것들을 예를 들어 설명해 보자.

❻ 갈등 해결을 위한 노력의 측면에서 당신의 교회는 1-10점 중 몇 점인가?

❼ 교회의 연합을 회복하고 증진시키기 위해 당신이 이번 주에 할 수 있는 일이 있다면 무엇인가?

교회의 관계를 위해서 기도하자. 하나님이 모든 관계를 강하게 하시고 축복하시도록 기도하자. 또한 깨어진 관계를 치유하시도록 도움을 구하자.

특징06

실수마저 배움의 기회로 삼는 교회

| 배경 |

교회는 변화보다 안정을 선호한다. 우리는 암묵적으로 좋은 자리에 안주하기를 바란다. 그러나 거부할 수 없는 교회는 지속적으로 학습하고 적응한다. 끊임없이 변하는 사회에서 통용되는 화폐가 바로 '변화'다. 어제 유용했던 방법이 오늘도 유용하리라는 보장은 없다.

그렇다고 변화를 위한 변화를 추구해서는 안 된다. 시대의 흐름에 발맞추어 겉모습만 멋지게 보이는 것은 중요하지 않다. 우리가 변화를 선택하는 이유는 하나님이 자신의 유익을 위해 변화를 사용하시기 때문이다.

새로운 일을 배우지 않는 사람은 성장을 멈춘다는 사실을 하나님도 아신다. 하나님, 그분의 뜻, 사람들, 자기 자신에 대해서 배워야 인간의 영이 성장한다. 때로는 새로운 사람들에게 다가가기 위해서 변화가 필요하기도 하다.

| 토론 |

❶ 잠언 14장 4절을 읽고 "구유를 깨끗하게 하려다 보면 필요한 힘과 도움을 얻지 못한다"라는 말의 의미를 생각해 보자.

❷ 변화를 위한 변화를 추구하는 교회는 왜 위험할까? 지나친 변화, 성급한 변화, 시작이 잘못된 변화가 있지는 않은지 점검해 보자.

❸ 당신 교회의 지속적인 학습 태도를 점수로 매긴다면 1-10점 중 몇 점인가?

❹ 토론과 논쟁의 차이는 무엇인가? 평가 모임에서 논쟁 대신 토론이 일어나려면 어떻게 해야 할까?

❺ 출애굽기 18장 5-27절을 읽으라. 모세의 리더십은 의도는 좋았으나 효과가 떨어졌다. 그의 장인은 어떻게 더 나은 변화로 이끌었는가?

❻ 위의 질문에서 읽은 말씀에서 당신의 삶이나 교회에 적용할 수 있는 영역이 있는가? 의도는 좋지만 효과가 떨어지는 부분이 있다면 어떤 변화를 시도할 수 있을까?

❼ 새로운 것을 배우기 위해 이번 주에 할 수 있는 일이 있다면?

하나님의 형상으로 변화되며, 사람들을 제자로 삼으라는 하나님의 부르심에 응하라. 그리하여 낭신과 당신의 교회가 변화를 시도할 수 있도록 하나님께 간구하라.

특징07 영적 기갈이
없는 교회

| 배경 |

세상을 가슴 뛰게 하는 교회에는 스스로 영적 공급을 받는 사람들이 가득하다. 영적인 양식을 먹는 일은 자기 스스로 해야 할 일이다. 우리의 성장과 성숙은 목사나 장로, 또는 주일학교 교사의 책임이 아니다. 물론 우리를 코치하고 가르치고 격려하고 양육하는 데 그들의 도움을 받을 수는 있다. 그러나 자신의 영적 양식은 스스로 챙겨 먹어야 한다.

| 토론 |

❶ 시편 46편 10절은 우리에게 어떻게 하라고 가르치는가? 이를 매일의 삶에 적용하려면 어떻게 해야 할까?

❷ 스스로 양식을 공급받는 일에 장애가 되는 일을 말해 보자. 정기적으로 성경을 읽고 기도하며 하나님과 교제하는 일이 어려운 이유가 무엇인가?

❸ 시편 119편 32-35절을 읽으라. 이 구절에 의하면 그리스도를 따르는 데서 오는 유익이 무엇인가? 하나님 계명의 길로 달려가기 위한 실질적인 방법을 말해 보자. 주께서 우리의 마음을 넓히신다는 말의 의미가 무엇일까?

❹ 히브리서 4장 12절을 읽고 성경이 살아 있다는 말이 무엇을 의미하는지 설명해 보자.

❺ 시편 16편 8절에서 우리가 할 일과 그 유익은 무엇인가?

❻ 성장하려는 의욕이 보이는 교회는 어떤 모습일까? 어떻게 하면 더욱 동기부여가 될까?

❼ 당신은 이미 스스로 영적 공급을 받고 있는가? 그렇지 않다면 이를 어떻게 개선할 것인가?

말씀을 주신 하나님께 감사하며 스스로 영적 양분을 공급받는 사람이 되도록 하나님께 도움을 청하자.

특징08 모든 일의 끝이
영혼 구원인 교회

| 배경 |

　세상을 가슴 뛰게 하는 교회는 모든 것이 영혼과 연결된다. 교회의 모든 기능 역시 잃어버린 영혼을 구원하고 사람들이 믿음 안에서 성장하도록 돕는 사명과 직결된다. 교회는 동일한 목적으로 모이는 사교 클럽이나 동호회가 아니며, 분명한 열심과 목적을 가지고 일하는 곳이다. 이는 모두 그로 인한 영원한 결과 때문이다. 하나님은 우리가 그분을 사랑하고 섬기고 순종하도록 초청하신다. 하나님을 따르는 모험의 삶에는 사람들을 주님께로 인도하는 일에 동역하는 일이 포함된다.

| 토론 |

❶ 요한계시록 21장-22장 5절을 읽고 새 하늘과 새 땅을 설명해 보자. 당신은 무엇이 가장 기대되는가?

❷ 마태복음 22장 34-40절을 읽으라. 가장 중요한 두 가지 계명이 무엇인가?

❸ 마태복음 28장 18-20절을 읽으라. 예수님이 제자들에게 하신 명령이 무엇인가?

❹ 교회의 모든 역할과 기능은 마태복음 22장 34-40절과 마태복음 28장 18-20절과 어떻게든 연결되어 있다. 그 사례를 이야기해 보자.

❺ 당신의 교회는 앞에 제시한 사명에 얼마나 부합하는가? 교인들은 교회의 본래 목적을 알고 그에 맞게 살고 있는가?

❻ 사람들을 그리스도께로 함께 인도한다는 말이 의미하는 바는 무엇인가? 당신은 지금까지 그리스도께로 인도한 사람들의 숫자에 만족하는가?

❼ 창조적인 아이디어를 생각해 보자. 현재 당신의 교회에서 하고 있는 일들은 영혼을 구원하는 일에 서로 얼마나 연관되어 있는가? (예: 행정 팀, 교도소 사역, 청소년 사역, 오토바이 사역, 회복 사역 등)

❽ 당신은 교회 안에서나 교회 밖에서 어떠한 방식으로 영혼들과 소통하는가?

특징09 처음부터 끝까지
사랑만 있는 교회

| 배경 |

   세상을 가슴 뛰게 하는 교회는 지역 사람들을 사랑하고 그들에게 복음을 전해야 한다는 부르심을 갖고 있다. 최고의 사랑은 선택하는 사랑이다. 성경은 이런 사랑을 '아가페'라고 한다.

   우리는 여러 가지 이유로 그리스도를 섬기는데, 개중에는 죄책감이나 의무감처럼 우리를 지치게 만드는 그릇된 동기도 있다. 그러나 고린도후서 5장 14절에 우리를 격려하는 말씀이 나온다. "그리스도의 사랑이 우리를 강권하시는도다." 우리에게 힘과 능력을 주는 말씀이다. 우리는 누군가를 깊이 사랑할 때 기쁜 마음으로 섬긴다. 쉽게 식거나 타버리지 않는 지속적인 열정에서 행동이 우러나온다.

| 토론 |

❶ 개인과 교회가 하나님을 섬기는 다양한 동기를 말해 본 뒤에 고린도후서 5장 14절을 읽으라. 하나님을 향한 사랑이 섬김의 가장 좋은 동기가 되는 이유는?

❷ 마태복음 20장 30-34절을 읽으라. 긍휼을 베푸신 그리스도를 볼 때, 사람들을 섬겨야겠다는 생각이 드는가?

❸ 당신의 교회에서 하는 일 가운데 하나님과 이웃을 향한 사랑이 원동력이 된 적이 얼마나 있는가?

❹ 현재 원활히 진행되고 있는 교회의 사역을 사랑과 연결시켜 보자. (예: 우리 교인들은 고등학생들을 사랑한다. 그들은 자원해서 수련회 등의 행사에 동참하고, 필요한 일도 기꺼이 도와준다.)

❺ 우리는 좋아하는 일을 위해서는 일부러 시간을 낸다. 당신의 영적인 삶에는 이 원리가 어떻게 실행되고 있는가?

❻ 출애굽기 4장 1-17절을 읽으라. 여기서 모세가 섬기는 태도는 어떠한가? 사랑으로 섬기는가, 순종으로 섬기는가?

❼ 특정 사람, 또는 지역을 위해 사역하기 전에 그들을 위해 기도하면, 그 사람이나 지역에 대한 사랑이 생기는 데 도움이 되는가?

교회와 지역에 속한 사람들을 위해 잠시 기도하자. 그들을 위해 더욱 강한 사랑과 열정을 주시도록 주님께 간구하자.

특징10 위험마저
기쁨으로 뛰어드는 교회

| 배경 |

세상을 가슴 뛰게 하는 교회는 위험을 감수한다. 하나님 나라를 세우는 일에 믿음으로 발을 떼며, 하나님의 인도에 순종한다.

걸음마를 떼는 아이처럼 위험을 감수하지 않으면 교회는 성장하지 않는다. 하나님 나라를 위해 편안함과 안정을 기꺼이 유보할 때 영적인 성장이 일어난다.

위험도 기쁘게 받아들이는 교회에는 믿음이 살아 있다. 우리의 부르심은 안전한 목적지에 도달하는 것이 아니라 끊임없는 성장과 변화의 길로 가는 것이다. 믿음으로 살려면 삶의 균형을 기꺼이 무너뜨려야 한다.

| 토론 |

❶ 교회에 있어서 안정과 편안함이 사형 선고나 다름없는 까닭이 무엇이라고 생각하는가?

❷ 하나님의 인도하심에 대한 반응으로 택하는 일의 위험에 대해 말해 보자.

❸ 당신의 교회는 얼마만큼의 위험을 감수하는가? 1-10점 중에서 몇 점에 해당하는가?

❹ 요한일서 4장 15절과 요한복음 16장 13절에서 배울 수 있는 교훈은 무엇인가? 이 교훈을 교회가 위험을 감수하는 일에 적용한다면?

❺ 로마서 8장 28절은 하나님의 인도하심과 어떤 관련이 있는지 말해 보자.

❻ 주님을 위해 위험을 감수했지만 생각과는 전혀 다른 결과를 얻은 적이 있는가?

❼ 마가복음 4장 1-20절에 따르면, 영적인 씨앗을 뿌렸을 때 실패할 확률은 얼마나 되는가? 20절을 볼 때 얼마나 많은 결실을 얻을 수 있는가? 믿음의 씨앗을 뿌렸던 경험을 말해 보자.

❽ 당신의 교회가 하나님께 순종해야 할 영역은 무엇인가?

특징11 나보다 남을 생각하는 교회

| 배경 |

세상을 가슴 뛰게 하는 교회의 열한 번째 특징은 겸손이다. 이 특징을 가진 교회는 야고보서 4장 10절의 가르침을 따라 자신을 낮추어 장차 하나님께 높임을 받는다. 베드로전서 5장 5-6절에도 동일한 가르침이 나온다. "하나님은 교만한 자를 대적하시되 겸손한 자들에게는 은혜를 주시느니라 그러므로 하나님의 능하신 손 아래에서 겸손하라 때가 되면 너희를 높이시리라."

겸손이란 하나님이 어떤 분인지를 알고 우리가 누구인지를 기억하는 것이다. 우리에게는 그리스도인으로서 해야 하는 사명이 있다. 이는 결코 잊어서는 안 되는 사명이다. 우리는 하나님을 섬기고 우리의 삶을 의미 있는 일에 헌신하도록 부르심 받았다. 여기서 말하는 의미 있는 일은 우리가 기대한 바와 다를 수 있다.

마태복음 10장 42절에 따르면 작은 자 하나에게 준 냉수 한 그릇에도 상급이 주어진다. 우리는 그리스도를 대표하고 알리는 그분의 대사이고, 그분이 생각하는 것을 생각하며 그분이 말씀하시는 것을 말한다. 하나님의 말씀대로 그분을 섬기는 것이 우리의 부르심이다.

| 토론 |

❶ 야고보서 4장 10절과 베드로전서 5장 5-6절을 읽으라. 교회는 어떻게 자신을 낮출 수 있는가? 주님은 교회를 어떻게 세우실까?

❷ 10점으로 갈수록 겸손에 가깝고 1점으로 갈수록 교만에 가깝다고 할 때, 당신의 교회는 1-10점 중 몇 점인가?

❸ 마태복음 6장 1-18절에 따르면, 성경은 우리가 어떤 마음가짐으로 기도하고 구제하며 금식하라고 하는가?

❹ 마태복음 5장 16절을 읽으라. 사람들 앞에 우리의 빛을 비추는 일과 은밀하게 선한 행실을 하는 것 사이에서 균형을 맞추려면 어떻게 해야 할까?

❺ 이번 주에 당신이 할 수 있는 은밀한 친절의 행동이 있다면?

❻ 교회가 자신의 사명을 기억하는 일이 왜 겸손한 행동인가?

❼ 사무엘상 31장과 사무엘하 1장 1-15절을 읽으라. 아말렉 청년이 저지른 실수는 무엇인가? 여기에서 우리가 배울 수 있는 교훈과 이 교훈을 실생활에 적용할 방법에는 구체적으로 무엇이 있을까?

고백하지 않은 교만이 있다면 보여 달라고 주님께 기도하자. 자신을 낮추기로 결단하고, 때가 되면 주님께서 당신을 세우시도록 기도하라.

특징12   공동의
        청사진을 기억하는 교회

| 배경 |

  세상을 가슴 뛰게 하는 교회의 열두 번째 특징은 계획을 가진 교회다. 이 교회는 하나님의 인도하심을 열렬히 구하고, 그 인도하심으로부터 청사진을 만들어 그 계획대로 담대히 실천한다.

| 토론 |

❶ 야고보서 4장 13-15절에 따르면 우리가 계획을 세울 때 필요한 마음가짐은 무엇인가?

❷ 잠언 16장 1절과 9절, 19장 21절, 20장 24절을 읽고 나서, 잠언 16장 3절과 20장 18절, 시편 20편 4절 말씀을 읽으라. 이 말씀들은 계획을 세우는 일에 대해서 우리에게 무엇을 알려 주는가?

❸ 당신의 교회에는 계획이 있는가? 성도들은 그 계획을 알고, 그 계획에 따라 행동하는가?

❹ 마태복음 6장 22-23절을 읽으라. 삶에 대한 긍정적인 시각은 우리가 승리와 능력과 확신의 삶을 사는 데 얼마만큼의 도움을 주는가?

❺ 당신의 교회가 바라는 미래의 모습은 무엇인가? 이를 위해 교회에서 개발해야 할 영역이나 사역이 있는가?

❻ 시편 8편 1절과 고린도후서 3장 18절을 읽으라. 하나님의 이름이 그분의 성품을 알려 준다면, 우리가 섬기는 하나님은 어떤 분인가? 우리가 그분의 형상으로 변한다면 우리는 어떤 모습으로 변할까?

❼ 역대상 12장 32절을 읽으라. 당신의 교회에도 "시세를 알고 마땅히 행할 것을 아는" 사람들이 있는가? 교회가 해야 할 일들을 적어 보자.

당신의 교회를 향한 하나님의 계획이 무엇인지 여쭤 보면서 그 계획을 행동으로 옮기는 데 필요한 힘을 주시도록 기도하자.

| 주 |

특징 01 · 하나님의 임재에 굶주린 교회

1) William Jennings Bryan (editor-in-chief), Francis W. Halsey (associate editor), *The World's Famous Orations, Vol. IX* (New York: Funk and Wagnalls).

2) Randy C. Alcorn, *The Law of Rewards: Giving What You Can't Keep to Gain What You Can't Lose* (Carol Stream, IL: Tyndale House, 2003), p.18.《상급 받는 그리스도인》(두란노 역간).

특징 03 · 목숨과 마음을 올인하는 교회

1) "1 Song, but 2 Girls," Sky Canaves and Geoffrey Fowler, *The Wall Street Journal*, August 13, 2008, *http://online.wsj.com/article/ SB121859320884635553.html* 2010년 7월 접속.

2) 성경적인 용서의 과정에 대해 알고 싶다면 다음 책을 참고하라. R. T. Kendall, *Total Forgiveness* (Lake Mary, FL: Charisma House, 2007).《완전한 용서》(죠이선교회 역간).

특징 04 · 감사가 일상생활인 교회

1) Rabbi Noah Weinberg, *The 5 Levels of Pleasure* (New York: Select Books, 2008).

특징 05 · 가족만큼 서로 끈끈한 교회

1) Mother Teresa, *Mother Teresa: In My Own Words* (New York: Gramercy Books, a division of Random House Value Publishing, 1977).

특징 06 · 실수마저 배움의 기회로 삼는 교회

1) Anne Blunt and Wilfrid Scawen Blunt, *Bedouin Tribes of the Euphrates* (New York: Harper, 1879).
2) Alvin Toffler, *The Third Wave* (New York: Random House, 1987).《제3의 물결》(홍신문화사 역간).
3) Martin Luther, John Dillenberger, ed., *Martin Luther: Selections From His Writings* (New York: Doubleday, 1962).
4) Mark Twain, *Mark Twain: Collected Tales, Sketches, Speeches, and Essays, Volume. 2: 1891-1910* (New York: Library of America, Penguin Putnam Inc., 1992).

특징 07 · 영적 기갈이 없는 교회

1) *The American Journal of Medicine* (New York: Thompson Reuters).

특징 08 · 모든 일의 끝이 영혼 구원인 교회

1) Eliza E. Hewitt, "When We All Get to Heaven" (public domain, 1898).
2) Theodore O. Wedel, "Evangelism-the Mission of the Church to Those Outside Her Life," *The Ecumenical Review*, October 1953, 24.

특징 12 · 공동의 청사진을 기억하는 교회

1) *http://disneyparks.disney.go.com/blog/2010/05/a-moment-with-art/* 2010년 8월 접속.

세상을 가슴 뛰게 할 교회

지은이 웨인 코데이로
옮긴이 장택수

2012년 1월 5일 1판 1쇄 펴냄
2023년 1월 3일 1판 9쇄 펴냄

펴낸곳	도서출판 예수전도단
출판 등록	1989년 2월 24일(제2-761호)
주소	서울특별시 관악구 신림로7나길 14
전화	02-6933-9981 · **팩스** 02-6933-9989
이메일	ywam_publishing@ywam.co.kr
홈페이지	www.ywampubl.com

ISBN 978-89-5536-392-0

책값은 뒤표지에 있습니다.
잘못된 책은 바꾸어 드립니다.